Books Bear
布克熊童书

李静敏 著
中采绘画 绘

大宋超好玩

萌娃宋朝游学记 1

文化发展出版社
Cultural Development Press
·北 京·

目录

家族档案馆

我的一家

周勤（父亲）

年龄：*33* 岁
朝代：宋朝
出生地：东京（开封府）
职业：翰林学士

李殊（母亲）

年龄：*30* 岁
朝代：宋朝
出生地：苏州常熟县
擅长：琴、棋、书、画、刺绣

周舟（本文主人公）

年龄：7岁

朝代：宋朝

出生地：东京（开封府）

周汶（妹妹）

年龄：4岁

朝代：宋朝

出生地：东京（开封府）

周帆（弟弟）

年龄：6岁

朝代：宋朝

出生地：东京（开封府）

大伯一家
三堂姐
大堂哥
大伯
二堂姐
大伯母
大堂姐
二堂哥

三叔一家
三叔父
三叔母

周府家房间分布平面图

五间上房
主屋
主间
正厅
次卧
耳房
西厢房
东厢房
垂花门
小厨房
侍女休息室
西角门
周舟家院子

盥漱

随着一阵阵木鱼儿声，我醒了过来。我知道此时是五更天了，黎明的曙光刚刚撩开夜幕的轻纱。继而，我听见僧人悠长的声音：“天气清朗——”

想到昨天晚上母亲叮嘱我的话，今天是立春，需早点起床，讨个好兆头。我丝毫没有赖床，麻利地坐了起来。

等在门口的来福听到声音，赶紧端着热水走了进来。

来福真是贴心，等我下床的时候，他已经把刷牙子蘸上刷牙剂，倒好了洗脸水。我只要按部就班地刷牙洗脸就好了……

来福看我玩得不亦乐乎，不得不阻止我，他也是费了九牛二虎之力，才把我从这片“兵荒马乱”中拉了出来。而我身上的寝衣也早已经湿得不成样子了。

哎呀呀，不好，不早了，我在来福的帮助下，手忙脚乱地换好衣服，梳好头发，急匆匆地向父母的卧室跑去。

咦！今天洗脸用的澡豆味道好特殊啊，竟然多了花香味，真好闻！我洗得舍不得停下来，甚至连手帕也一起洗了起来，我要香香的！

请安

我到父母的卧室时，母亲已经梳洗打扮好，端坐在圈椅上。

父亲此刻不在家，我知道他是上朝去了。虽然按例立春日官员可以休假一天，但他们今天要去宫里完成立春日的官方礼俗。昨天听他提起，要与皇帝一起进行立春祭祀，而后参加宫廷里的鞭春活动。

我目视着母亲，俯身拱手向她行作揖礼，说道：“母亲淑安。”

母亲笑盈盈地回应我：“舟儿起得早呀，你弟弟妹妹都还没来，你是头一个。”

我很开心地笑了，说：“娘，我铭记着您的话呢，立春这样的大日子，要讨个吉利早点起。”

母亲笑得合不拢嘴，接着又问我昨天夜里睡得好不好，被子够不够厚，等等。

不一会儿，弟弟妹妹也来向母亲请安了。我们一起聊了会儿天。每天早晨，我们在母亲卧房里的这段时间都是温馨幸福的。

香味缭绕的房间

弟弟妹妹给母亲请过安后，母亲起身走到摆放着香炉的矮桌前，说："前几天你们的父亲新调了些香，今天立春，我给添上。"

我们兄妹仨看着，大致的步骤是这样的：先拿些备好的炭灰，倒入香炉里。再拿一个专用香箸拨弄香灰，拨出一个小孔，往孔洞中放入烧好的木炭，然后放上一个能隔火的银箔，最后在上面放小香丸。很快，受到炙烤的香丸所散发出的香气在房间里弥漫开来。这就是"隔火熏香"。

和其他的文人雅士一样，我的父母常会焚香，每天从清晨到傍晚，从书房到厅堂，闲时还会亲手调制香料。就连我们的被子里都要放上熏被香球，到处都是香香的。

“舟儿，你觉得这香味如何？”母亲问我。

我对香料还不大懂，只是凭着感觉说：“我也说不上来，不浓烈，很清雅。”

“清雅飘逸、悠长耐久，正是你父亲追求的风味呀！他今天回来闻到一定会很高兴的。”母亲说道，又像是想起来什么，继续说道，“等着，我还有好东西给你们。”

“好闻好闻。”妹妹周汶拍着小手说，房间里顿时热闹起来。

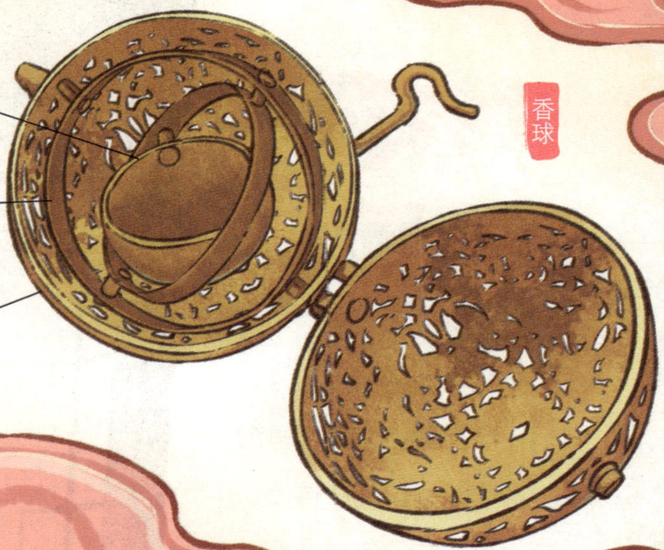

隔火熏香过程

往香炉中倒炭灰

用香箸拨弄出小孔

放入烧好的木炭

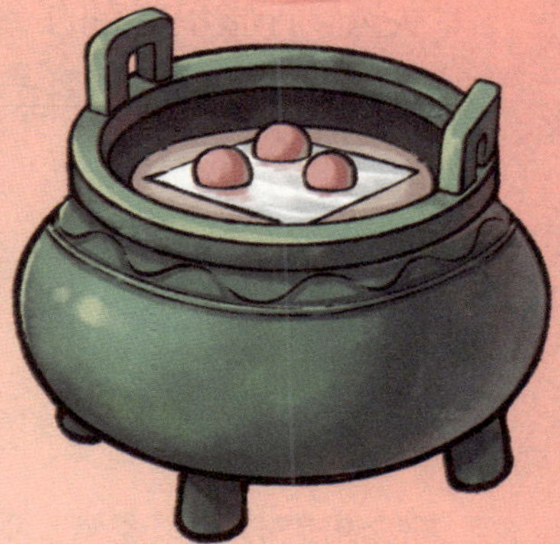

放银箔、放香丸

制作精密的香球

唐宋时候人们使用的香球，也叫香熏，还有“被中香炉”的雅称。它的尺寸很小，但结构设计很是复杂、讲究。外壳是一个金属制的镂空球体，可以一分为二，中间有铰链连接着。其中一个半球，外侧有两个同心环，再向内是一个与它们以轴承相连的圆形小钵，用来盛放香料。这样的设计符合重力原理，无论外侧怎样转动，香钵都不会被打翻。人们使用时，点燃香料，香灰不会泄漏，而香气可以从镂空的外壳中散发出来。

彩花春幡

从母亲房间里出来，我们往厅堂里走，去吃早饭。

迎面遇见几个侍女，手里拿着花花绿绿的剪纸。见到我们，侍女们连忙弯腰屈背行揖礼。打头的侍女叫翠莲，她对母亲说道：“夫人，厅堂里剪完的彩花都张贴好了，春幡也挂在了树梢上。”

“去吧去吧。”母亲应允。

每年立春前几日，母亲都会带着我们用彩纸、彩绢剪一些吉祥的图案，到了立春时日戴头上，迎接春天的到来。

我们来到厅堂，只见盆栽上挂着春幡，这里登时有了浓郁的春天气息！

妹妹指着其中一个春幡说：“娘，那个是您带着我剪的呢！”

“哦？你是怎么认出来的？”母亲问。

“我剪的最小，嘻嘻！”

“还真是哦，哈哈！”母亲颔首微笑。

接着，我和弟弟也都环顾着，找自己剪的那些。我们指指这个，瞧瞧那个，开心地找了一会儿。

土牛迎春

早就听说过立春日衙门口会进行鞭春牛活动，我早就想去了，不过母亲觉着我还小，因人太多一直没敢让我去凑热闹。这回，我央求了好几次，她才勉强同意让大伯家的二堂哥带我去。

吃过早饭，我迫不及待地跑去大伯家，拉着正在看书的二堂哥就出门了。

当我们紧赶慢赶地到了衙门口时，那里已经有很多人了。幸好我还小，来福把我放在他的肩上。

我刚一坐上去，就看到一头硕大强壮的土牛。虽然是泥塑的，但那样子还真是很逼真呢！

二堂哥兴奋地告诉我：“你看它的身上，不同部位涂着不一样的色彩：红属火，在南方；黑属水，在北方；青属木，在东方；白属金，在西方。”登时，我对二堂哥特别佩服。一头土牛色彩上的门道，他都看得明白。

鞭牛开始了，开封府的府尹走了出来。他

先给大家讲了几句话，大意是劝导大家好好种田。随后，他站在土牛面前，手拿一根长鞭，开始鞭挞土牛。他的力气真大，一通鞭挞过后，那土牛的身体碎裂了。围观的百姓们都跑到前面去，哄抢这些碎裂的泥土片。

我不知所措，吓得惊叫起来。二堂哥安抚我说：“抢到了春牛身上的一块土，预示着今年的耕种顺利，大家是为了讨吉利，不用害怕。”

哦，原来是这样啊！这真是一个特殊的仪式呢！

春牛泥塑

看过打春牛，人群就散了，二堂哥也带着我回家了。不过，在路过一个商铺的时候，他停了下来，带我进去买了几个小春牛，让我带回去给弟弟妹妹。

这三个小春牛泥塑，造型各不相同，它们都是仿照真实的耕牛造型制作的，大小和新生的小猫类似。泥塑的身体骨骼线条清晰，肌肉凸显，彰显着强健。每一个泥塑春牛都有一颗硕大的头，一双圆而鼓的眼睛，看起来很有精气神。

更有趣的是，每个春牛泥塑的底下都有一块木板基座，上面都“站”着一个“农夫”呢！是啊，有了农夫，牛才能开始耕种。

我很喜欢，相信弟弟妹妹一定也会很喜欢。

谢过二堂哥，我就开开心心地回家了，我要给弟弟妹妹好好讲一讲我今天看到的鞭牛场景，我还要告诉他们别着急，等他们再大一点，我就可以带他们去看“鞭春牛”了。

减字木兰花·己卯儋耳春词

〔宋〕苏轼

春牛春杖，无限春风来海上。
便丏（miǎn）春工，染得桃红似肉红。
春幡春胜，一阵春风吹酒醒。
不似天涯，卷起杨花似雪花。

迎春宴——五辛盘

吃午饭时，父亲还没有回来。

母亲说：“看来是被留下参加皇帝的宴饮了，我们先吃吧！”

今天的主菜是五辛盘，是由五种辛辣食物组成，分别是大蒜、葱、韭菜、萝卜和生菜。随盘配的还有一些圆饼，我们可以用饼卷菜吃。

我吃过这道菜，所以我卷了一份饼，小口小口地吃着，味道也还不错。

可是弟弟就不一样了，他没吃过，又是个急脾气，他拿过来母亲给他卷的饼就咬了大大的一口，然后马上叫起来：“啊！辣！太辣啦！娘，为什么要吃五辛盘呢？”

母亲说：“这是流传下来的习俗呀。这五辛中的‘辛’字与新年的‘新’谐音，有尝新的意思，以前的人们把它当成新年餐桌上的一道素菜，后来渐渐改到立春吃，寓意着一年有一个新的开始。”母亲边说边给弟弟递了一杯水过来。

好吧，就冲着这么好的寓意，我和弟弟都拿起卷饼眯着眼睛，吃了起来。热热闹闹的立春日，就这样度过了！

宋朝的“五辛盘”为什么没有辣椒？

宋朝人吃的五辛盘，具体的食材会随着地域、时间有所不同，但为什么辣椒没有被列入“五辛”之中呢？这是因为辣椒是个外来物种，它在明朝后期，也就是16世纪后期才由美洲传入中国！

琳琅满目的店铺

眼看着正月十五上元节就要到了，全国上下都格外看重这个节日，家家户户都出门采购过节要用的东西。我们东京的街市可热闹啦，我来给你介绍一番吧！

食品店

街上还有很多食品店，兜售全国各地的风味食品。有几家有口皆碑，樊楼前李四家、段家爊物、石逢巴子等主要卖北方食品，寺桥金家、九曲子周家的南食非常不错。食品店分门别类，有糕点店、羹店、馒头店、包子店、家禽野味肉食店等多种专业店。

邸店

邸店就是提供房舍的客店，有了它们，从外地来到东京的商人、学子、船夫、游客

等人就有了落脚的地方。邸店既有私人经营的，也有官办的。它们通常都有个文雅的名字，比如十三间楼、清风楼、状元楼之类的。

酒店

在东京大街上有许多大大小小的酒店，大型的酒店称为正店，可以造酒也可以卖酒，小型的酒店称为脚店，要从正店沽酒贩卖。大型酒店的门面常常是高层的建筑，很是气派。在东京城众多的正店酒楼中，规模最大的当属樊楼。它造酒的名声很大，被称作官曲。除了卖酒，酒店还可以卖食品，尤其是烹制好的菜肴。有的正店还备有客房，可以提供住宿。

金银铺

在街上，有一种店铺房屋很大，装修得很有排面，那就是金银铺。人们在那里可以进行金银钞引交易（金、银、盐钞、茶引、矾引等交易）。

茶肆茶行

我们生活的朝代，十分盛行饮茶。不管是皇亲国戚，还是普通百姓，都爱喝茶。所以，茶叶加工和销售是东京城里发达的行业，称为茶行。城里随处可见可以品茶的地方，称为茶肆。茶肆的环境优美，茶具精良，而且还可以提供多样的艺道娱乐活动，人们可以边喝茶边欣赏。茶肆里的茶饮多样，茶水中添加一些辅助材料，制成茶汤，深受人们喜爱，如甘草茶汤、梅汤、姜茶汤等，有些茶肆更是以奇茶异汤著名。除了茶肆，也有一些小贩提着茶瓶走街串巷售卖，这让人们随时可以喝上一杯茶来止渴润喉。

奇特的蝌蚪羹

今天晚上大伯父家、三叔父家都来我家聚餐。我家准备了一桌子丰盛的饭菜。除了那些过节要吃的鱼肉名菜，最吸引我们的是只有上元节才能吃到的节日小吃。

每道小吃端上来的时候，上菜的仆人都会报菜名。

“这是蝌蚪羹。”仆人说道。

“啊？给我们吃蝌蚪？”弟弟瞪大眼睛说道。

大家都被逗笑了。我母亲笑着说：“这孩子，真是人小记性也不好，你忘了你去年还吃过呢。”

弟弟被大家笑得不好意思了。

这时，仆人又端上来一道特殊的食物——焦馆（duī）。

看着焦馆，弟弟忘了害羞了，迫不及待地举起筷子等着吃了。

不出所料，弟弟的行为又逗得一桌人开怀大笑。

“外卖”到了

就在我们全家畅聊着的时候，来福拿进来一个食盒。

他说：“闲汉（送餐人员）刚刚把我们的‘索唤’（外卖）送来了。”

来福小心地从食盒里拿出了两份菜品。

这可是远在樊楼的招牌菜品呢！送过来竟然还是温的，真好吃！

弟弟这个充满好奇心的小家伙吃得满足了，就开始了他的疯狂提问：“这个是谁去买的啊？”“这个什么时候买的啊？”“为什么闲汉没有送错？”“这些菜给钱了吗？”……

真是后来者居上，我吃“索唤”的时候问题可没有这么多。

宋朝的“闲汉”

在宋朝，外卖员被称为“闲汉”。闲汉不属于某一个店铺，而是自行组织起来的，为不同区域的客户提供“外卖”服务。闲汉一方面与酒楼、茶肆等建立合作关系，替店里的客人将点好的菜品送到住处；另一方面则直接面向周围居民提供“外卖”服务，赚取一定的报酬。

不过我现在可以回答他的问题了，于是我抢着说道：“在东京城想要索唤很方便，可以提前去酒楼里点好菜，付好钱，约好时间和送餐地址，回去等着就行了。还有更方便的——在家门口点菜，有些很会做生意的酒楼掌柜，到了临近饭点的时候，就会派出小二走街串巷地大声吆喝。我们听到了叫卖声，就可以点菜啦！小二将菜品和地址记录下来，等做好了之后送来，再当面支付饭钱。”

看着我侃侃而谈的样子，大家都笑开了。

没有宵禁的夜晚

吃饭时，大家说好一会儿都要上街去看灯会。

三叔父说：“先前看告示上说，今年灯会持续五夜，从正月十四开始，至正月十八结束。这五天里金吾不禁，进城出城都方便。尤其是今天的元夕夜，外面盛况空前，小孩子们爱凑热闹，很是适合出去玩一玩!”

我弟弟在旁开心地拍起手来：“太好了，那我们玩通宵吧！”

父亲瞥他一眼，说道：“小孩子家早点回来，早点睡觉。”

弟弟臊眉耷眼地不吭声了。

母亲接着父亲的话茬，对我们兄弟俩说：“舟儿、帆儿，一会儿我们上街看灯展，人多且杂，你们不要乱跑。”

“爹爹、娘放心，我看护着弟弟，您俩带好妹妹就行。”我说。

几位长辈听了我的话都笑了，我母亲说：“好呀！你照看好帆儿。”

我的三位堂姐要回自己家装扮一番再上街。于是大伯一家就先告辞了，我们说好在街上再会合。

金吾不禁

宋朝以前，官府对人们夜间行动限制较多，实行夜禁制度，唐朝时候的夜禁制度很严格，到了夜晚钟鼓响过之后，城内的坊门一律关闭，禁止出行。宋朝渐渐取消了宵禁，人们在晚上也可以上街，逛夜市。不过，再怎样自由，城门还是会定时关的。而上元节灯会期间则是特例，全国各大城市“金吾不禁”。“金吾”就是警卫，“金吾不禁”就是没人管你进城出城了。不过，灯会一结束，官府就会强令收灯，城门又会恢复之前的启闭时间。

提着花灯出门去

出门前，我们兄妹仨每个人都提着一盏花灯，这是仆人早就从商铺买回来的。我和弟弟提的是走马灯，妹妹的是兔儿灯，我们每个孩子提上灯都觉得自己很神气。

家里的大门口也挂了几盏又大又亮的花灯，把门口的道路照得亮堂堂的，满满的喜庆气氛。

我们的花灯里面放的是蜡烛。相比于油灯，蜡烛没有担心灯油洒出来的顾虑，照明的时间更长，亮度也更高。不过，我知道，蜡烛的价格比较贵，平时母亲也不允许大家长时间地点蜡烛呢。

“今天是过节嘛！门口的花灯要点一夜。”临出门前，母亲对守家的仆人说，“一定要照看好了，小心火烛。”

灯油
灯芯
灯碗
油灯
灯柱
灯座
蜡烛

精美的发饰

东京城的大街小巷，无论是民宅还是商铺，门口都点起了各式灯笼，万家灯火，全城辉煌如昼。我们在约定的地方见到了三位堂姐。

“姐姐们，好漂亮啊！”我妹妹发出惊呼。

精心打扮过的三位姐姐，穿着华美的服装，化了红妆，最动人的是，她们头上的发饰真是精美极了。逼真的闹蛾，搭配发光的发饰，像极了飞蛾围灯飞舞。在花灯的映衬下，她们好似三位仙子下凡。

妹妹对大堂姐的发饰很感兴趣，问道：“大姐，你头上一晃一晃的是什么呀？”

大堂姐对着周汶弯下腰，朝自己头上指了指说：“这个吗？这是灯球步摇，是二姐、三姐亲手做的。”

姐姐们今天戴的是上元节专款步摇，像枣、栗那么大的好几个灯球形成一簇，挑在钗头上，走路的时候会一晃一晃的。

妹妹很是羡慕，说：“我也要戴！”

“汶儿长大了再戴。”母亲对妹妹说，然后她也夸赞道，“汶儿长大了要向你的堂姐们学习，她们的手很巧，女红向来做得精致。”

就这样，我们笑着、闹着去赏灯了。

恢宏的灯山

从宣德门到州桥的一段大街是御街，街道两旁的灯海一眼望不到头。

这其中，最显眼的就是像小山一样高的灯山。灯山上陈设着各式的花灯，我不停地追问大人们，请他们告诉我花灯的名字。

“这个会转的叫什么呀？”

“是马骑灯（走马灯）。”

在走马灯上，有武将骑马的画影不停地转动，就好像是在你追我赶一样，很吸引人。父亲告诉我：“灯内有个转轮。蜡烛点燃后，轮子会随着转动，人物也就跟着转动了呢。”

“那个像是看皮影戏一样，真好玩呀！是皮影灯吗？”

“对呀！”

灯会上的防火措施

在没有消防车和高压水枪的古代，人们是怎么防火的呢？在灯展期间，官府提前准备好当时所有的灭火工具，如云梯、火叉、火钩、水袋，等等。在每一处灯棚旁边都会架设好一架云梯、一只装满水的大水袋，还有若干铺兵（指的是古时负责巡逻及递送公文的兵卒和专门的消防队伍），时刻准备着灭火。

一会儿工夫，我又记住了很多灯名：龙灯、凤灯、珠子灯、罗帛灯、绢灯……这些大大小小的灯，此刻在一起闪闪烁烁，聚合成一个美妙的光影世界。我心里想：这得是多少能工巧匠，才把它们制造出来的呀！

奇特的机关灯

很快，我的视线又被灯山两旁的菩萨灯吸引住了！母亲告诉我，灯山两侧的塑像，骑着狮子的是文殊菩萨，骑着白象的是普贤菩萨。他们的眼睛金光闪闪，里面似乎放了灯，灯光就从瞳孔中放射出来。

观察到这一点，我已经感到相当震撼，然而，更惊奇的是，他们各自竖起的一只手掌还会喷水！那水流好似瀑布一样，从他们的指尖倾泻而下。

周围的人都连连称奇，我沉浸在这种巨大的兴奋和惊奇之中，也赶忙向父亲寻求答案：“这些水是从哪儿来的呢？”

父亲回我："这可能是有秘密机关吧！"

我百思不得其解，但是很快，身后又有要来观赏的人了，拥挤的人群推动着我们要往前挪动脚步了。来不及多想了，回头我一定要破解这个"秘密机关"！我们还要继续逛灯会，下一个惊奇又是什么呢？

猜灯谜
小货郎，不挑担，背着针，到处窜。
有面无口，有脚无手，听人说话，陪人吃酒。
过江千尺浪，入竹万竿斜。
一个老头，不跑不走，请他睡觉，他就摇头。
谜底：刺猬、桌子、风、不倒翁
（按照灯笼从左到右的顺序）

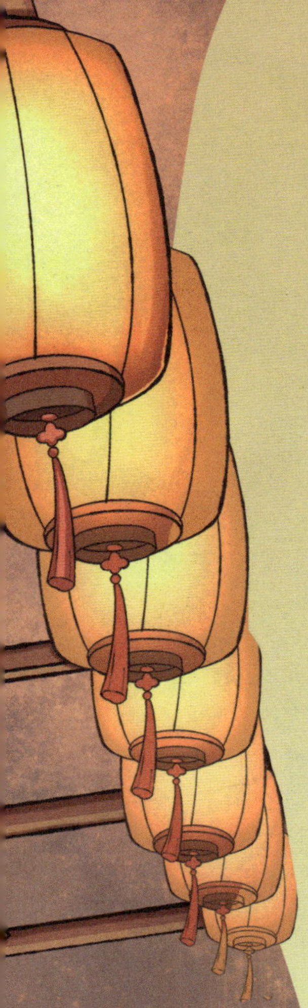

“啊！大哥！”弟弟骑在仆人的脖子上，眼睛尖，看见了堂哥他们。

我冲着他们就跑过去了。只是还没到，就远远看到二堂哥对着我们做了一个“嘘”的手势，吓得我连走路都轻手轻脚了。母亲和堂姐们在后边看到我的样子，都捂着嘴笑了起来，羞得我脸通红。

等我走到二堂哥身边的时候，二堂哥就拉着我开始讲了起来：“快看，快看，大哥正在和他的同窗比猜灯谜，五局三胜，他们已经进行四局了，不过都答对了两题，这是最后一道题了。看，这是一道猜人名的题，他们都被难住了。”

我一边听，一边探头看向大哥手中的谜题——画时圆，写时方，冬时短，夏时长。

看着就好难的样子，也不知道大堂哥能不能猜出来，我愁得眉头紧锁。就这么一会儿，母亲他们也到了。我想大堂哥他们估计都答不出来了吧！

就在氛围越来越紧张的时候，突然听到大堂哥说：“可是‘日’？”

“士子高才！”店家的一句肯定，我知道大堂哥赢了，兴奋得我大声欢呼。不过大堂哥可没有喜形于色，而是谦恭地和同窗行礼谦让后，带着花灯，随我们去看表演了。

棘盆

哇，宣德门到了！这里的灯可真多，真亮！

“看，那个是琉璃灯，那个是藕丝灯，还有那个是无骨灯。”父亲逐个指给我们看。他告诉我们这些灯是两浙（浙东和浙西）、八闽（福建）等地方做的，专门进贡给朝廷在灯展上展示的。它们挂在琼楼玉宇的最高处，晶莹透亮，可与皓月媲美。

为了庆祝上元节，官府用带刺的树枝编成防护栏，在宣德门外的一条东西大街（俗称“潘楼街”）上围隔出了一个临时演出场地，人们叫它棘盆。这里的展灯，更加复杂、华丽，被称为“棘盆灯”，是由数不胜数的灯组成的长龙。而这些灯的美，坐在宣德楼上的皇帝此刻正将之尽收眼底。

棘盆里还搭了一个乐棚，周围用彩结装饰着栏杆，两边整齐地站着禁卫军的士兵。有官署里的乐工在演奏着喜庆的乐曲，还有那些选拔上来的演艺人员们轮番表演着各式各样的杂戏。

听说，皇帝带着皇子、后宫妃子就在宣德楼上观看呢。百姓们都聚集在露台下观看演出。

台上的艺人和乐班里的人时不时地逗引台下的观众们高呼万岁。

好戏连番

逛灯展的一路，我们也欣赏了很多节目。御街两侧的走廊上到处有奇术异能的人们在表演，还有歌、舞和百戏艺人的表演，一场表演紧挨着另一场表演。

看了棘盆的演出才发现，原来演出还可以这么精彩！有扣人心弦的，有充满文艺气息的，花样百出，精彩纷呈。

看，多么惊心动魄！有人在表演飞索，从长长的索道上横空而过；还有人在表演相扑；

有人在掷剑，徒手接住锋利的短剑；

有人表演飞丸，手里抛着多个小丸，上下飞舞；

有人在表演吐五色水，张开嘴朝着天空喷出四五尺的水柱；

有人在表演缘竿，攀着高竿上上下下，灵活自如；还有几个人在表演蹴鞠，频频变换着花样，技巧颇多……

大宋超好玩

萌娃宋朝游学记

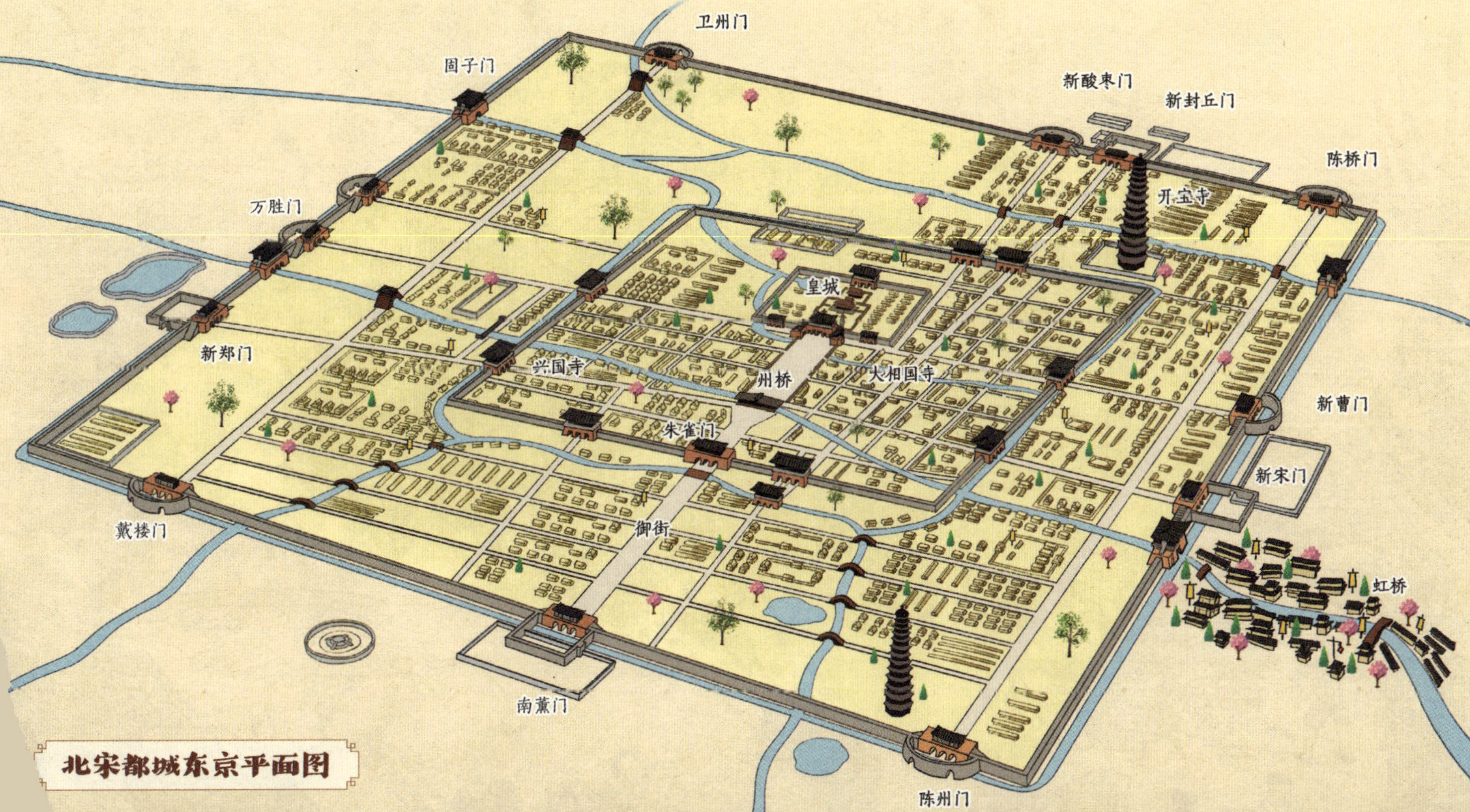

北宋都城东京平面图

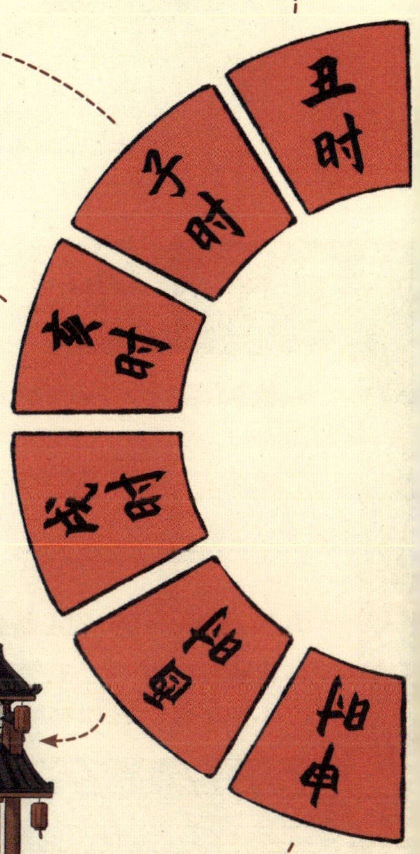

丑时 · 早课　1点到3点

山寺道观中修行的僧人道士已经起床洗漱，敲响晨钟，准备开始一天的早课。街头巷尾游走的打更人开始报时。

子时 · 夜眠　23点到1点

睡眠中，为新的一天养精蓄锐。

亥时 · 归家　21点到23点

夜色渐浓，商贩们收起摊子，但仍有一些酒楼在凌晨也保持营业。古人认为这是安定的时刻，大多数人都会安歇，只有一些读书人仍在挑灯夜读。

戌时 · 夜市　19点到21点

宋代没有宵禁，人们可以去夜市逛逛，欣赏汴河两岸的风景，或者到勾栏瓦舍里看看百戏。

酉时 · 宴客　17点到19点

夕阳西下，家家户户开始掌灯，要宴请宾客，或是想要来一顿大餐的人们纷纷涌向酒楼，围炉畅谈，把酒言欢。

申时 · 晚餐　15点到17点

又称“晡时”，也就是一天中晚餐的时候。官员们此时也都下班回家，享用精致的茶食，消去一天的疲乏。

一条河带给一座城的革新

汴河漕运的便利决定了开封成为五代、北宋统治者择都的首选之地。北宋时期，东京城内汴河沿岸的商业气息更加浓郁，整个京城南半部尤其浓烈，汴河上的粮仓、码头、桥市、草市比比皆是，《清明上河图》中重笔描绘的许多馆驿、茶楼、酒肆，也均沿汴河岸边徐徐展开。

请在这幅图里，试着找一找：

1. 货船　2. 纤夫　3. 餐馆　4. 彩楼欢门　5. 广告牌
6. 外卖小哥　7. 饮料摊　8. 酒馆　9. 木拱桥

寅时·晨起　3点到5点

昼夜交替的时分，天色虽然未明，雄鸡开始啼晓。上朝的官员，开始梳洗整理，准备一天的朝会和工作。

卯时·上朝　5点到7点

日出，上朝的官员已经抵达宫门之外，等候上殿的宣召；家中的主母也开始梳妆打扮。

辰时·早餐　7点到9点

也称“食时”，是宋人的早餐时间。街上店铺开门迎客，卖各色点心。吃完早餐，还能在街市买点瓜果蔬菜。

巳时·工作　9点到11点

上午，官员下朝后前往官署，将朝会的内容传达后，开始一天的办公；家中的妇人在处理完家事后，通常会开始干针线活儿。

午时·休憩　11点到13点

宋朝，人们逐渐开始有“一日三餐”的习惯。这时候可以去酒楼吃点心，然后来一场美美的午休。

未时·娱乐　13点到15点

修整之后，人们会继续未完成的工作。有闲阶级会进行一些趣味活动，运动的就玩蹴鞠、锤丸；陶冶情操的作诗、作画；女子荡秋千等。

跟着古人去干饭！沉浸式体验宋代吃喝的一天

饼店（早餐）

饼店分油饼店和胡饼店，油饼店卖蒸饼、糖饼等，胡饼店卖油碢、髓饼、新样、满麻等。这些店铺从早上五更便开始营业，需要三五个人烤饼。

茶肆（早茶）

杭州的茶肆会插四时鲜花，挂名人字画装点店面，吸引食客流连。一年四季售卖各种奇茶异汤，冬天会有七宝擂茶、葱茶、馓子、盐豉汤，夏天则有雪泡梅花酒，或者消暑的饮子。

分茶酒店（午餐）

也就是售卖饮食的酒店，除了各类荤素菜色之外，还有点心包、时令水果、干果蜜饯，秋天还会售卖炒栗子、银杏果等。店铺装修雅致，花竹掩映，还有歌伎唱曲儿，通宵营业。

荤素从食店（下午茶）

售卖点心的店铺，一年四季都开放。供应的点心有四色馒头、细馅包子、丰糖糕、梅花饼、油炸点心、山药圆子、澄粉水团、糖蜜韵果、巧粽、豆团、麻团、糍团等四时糖食点心。

酒肆（晚餐）

宋朝的酒肆门口，流行设红绿杈子，绯绿帘幕，贴金红纱栀子灯。店内供应各类酒饮、下酒菜。其中又有细分，如包子酒店，专卖各种包子；肥羊酒店，专卖各种羊肉羊杂。

肉行（夜宵）

大小街市都有肉行，店里三五个人操刀，按照客人的需求，对生肉、熟肉切块切片等。等到了晚上，还有各类烧烤熟食新鲜上市。

这些节目精彩绝伦，令人目不暇接，观众们连连叫好。

看，这边文艺演出也不相上下，有艺人在演奏嵇琴；有人在表演沙书地谜，表演者用白沙撒成字形，有单字、对联、诗词，边撒边唱。沙字结构匀称漂亮，沙书之字小者仅三四寸，大则二三尺。

还有人在表演手影戏，这是我最喜欢的节目，先前看皮影灯我就很入迷。静默的影像变幻莫测，总是给人很多惊喜。

不同的学堂

我已经七岁了，等到明年的十月份我就可以去学堂了。

父亲说，求学路很辛苦，蒙学只是求学路的开始。一般蒙学需要读七八年，如果很优秀，也要读四五年。读完了蒙学之后，便可以升入高等学府了。

至于高等学府，就不是能自己选择的了，它们都是有要求的。如国子学，也叫国子监，是宋朝的最高学府，也是最高教育管理机构。七品以上官员的子弟才有资格成为这里的学生，称国子生，我好好学习以后就可以去国子监；太学，招收八品以下子弟或庶人之俊异者为学生，它是宋朝兴学育才的重点，也是中央官学的核心；还有六所专科学校，里面设立了武学、律学、医学、算学、书学和画学，这里只要足够优秀就可以去了。

除了以上中央官学，还有州学、府学、军学、监学，以及县学，属于地方政府及诸路提举学事司（古代地方教育行政官署）管辖。学子的求学路还是有很多选择的。

在高等学府里，学子如果要进入仕途，就要寒窗苦读，直至入仕。这个过程可能很短，也可能很漫长，有的人甚至到了古稀之年还在科考。

文房之宝

父亲说我虽然还没入蒙学，但是也要开始学习一些基础汉字了。于是父亲给我准备了齐全的学习用品。笔、墨、纸、砚必然少不了，还有字帖也是必不可少的，其他还有什么，看父亲的书桌就知道了。

镇纸，是写字作画的时候用来压纸的物件，有一些分量，大多是长方条形的。为了勉励我努力练字，父亲特意送了我一件玉鹿镇纸，十分珍贵。

笔搁，是用来架笔的物件，有时候我们在写字作画时，需要构思或者休息的时候就可以把毛笔暂时放在它的上面。笔搁的样式很多，我的是瓷制的，是一个小山形。我父亲有一个玉制的，呈卧仙形，很有观赏性。

笔洗，用来盛水以清洗毛笔的器皿。通常我们用的是瓷制的，父亲说汝窑出品的笔洗最好。还有一些更加名贵的材质，如玉、玛瑙、珐琅、象牙等。

笔筒，就是用来存放毛笔的器皿，有圆筒形的，也有长方体的。笔筒材质也有很多种，瓷、三、竹、木，等等，我喜欢竹制的，结实耐用。

笔帘，也叫笔卷，是临时存放毛笔的工具，样子像竹帘，用细密的竹篾制成。

墨匣，是用来贮藏墨锭的漆匣，漆面上常描绘着金花鸟纹，有了它，就不怕墨锭受潮啦。

书袋和书箱

看到父亲给我准备那么齐全的学习用品，我很爱惜，于是央求母亲给我也缝制一个小书袋，这样我出门的时候就可以背上我的文房四宝啦！

母亲不愧是“才女”，真是样样精通！第二天她就缝制了一个淡绿色的书袋，她还在上面绣了一艘小舟，是我名字的象征。我把常用的东西装入书袋里，这样方便极了。

除此之外，母亲送给我一个褡裢，是可以搭在肩膀上的布口袋，能放一些其他学习、生活物品。不过这个不是我用的，而是仆人帮我背东西用的，母亲说我如果以后出门想背的东西多就可以拿来用。我知道母亲是真的把我当一个学子来看了。

不仅如此，母亲还给我找出了父亲以前上学时候用的一个书箱。书箱看起来没有什么特别的，但是母亲说这个是父亲很珍爱的书箱，因为他和这个书箱之间有一个很有趣的故事。

听着母亲讲述父亲的故事，我有点迫不及待地想去上学了。

入学礼仪流程

父亲说我现在入学还太早，不过为了满足我的好奇心，父亲带我去参观了蒙学的入学典礼。

正衣冠

入学仪式的第一步，就是正衣冠：所有的学生站立，检查自己的着装，是否干净整洁，衣扣是否系好，等等。这是对老师的尊重，也是对学习的重视。

行拜师礼

进入学堂后，学生要向老师行拜师礼。先是叩拜孔子牌位，然后起身正面对着老师，行叩拜礼。之后，父母会给老师献上“束脩”，就是见面礼。礼品也不是必需的，各家根据自己的情况自行决定。如果是上私塾，要给老师学费，我上的是官学，不收学费。

净手静心

拜师礼之后，学子们在提前准备好的清水里洗手，沉思片刻，再擦干。这是去除杂念、专心读书的意思。

朱砂开智

最后，老师拿着蘸有朱砂的毛笔，在每一个学子的眉心处点一个像“痣”一样的红点，寓意是开启智慧。

就这样，入学仪式就算完成了，从此学子们就开始了启蒙之旅。

课堂就学

回家的路上，我问父亲："学堂里学什么？也是每天描红吗？"父亲告诉我："学堂里学的东西很全面，到了学堂你会学到这些东西……"

1. 识字

上学的首要任务就是识字。夫子会带着学子熟读《百家姓》《三字经》等书籍，不仅可以识字，还能了解一些典故、典籍、学习线索和学习方法等。

2. 了解自然百科

习得自然常识。比如《名物蒙求》，书里面的内容有天文、地理、人事、鸟兽、草木、衣服、建筑、器具等，无所不包。

3. 习得诗歌

诗歌创作很重要，所以学子们从小要学习音韵知识。学校内专门为学子编写了教材《神童诗》，这里全是五言诗，对仗工整，文辞优美，很适合诵读。这些诗歌涉及典故、时令、花卉植物知识，学习音律的同时还能丰富见识。

4. 学习古文

等有了一些基础后，学子们开始学习古文知识，从基础的《古文关键》《文章正宗》开始，到熟悉春秋时期至唐朝末期的典故、议论、考据、奏对、诗歌等内容和文章。

5. 学史

父亲总跟我说，一定要多了解历史，因为读史使人明智。历史，也是我们上学必学的内容。夫子会带我们读《十七史蒙求》等书，知晓历史发展的进程，了解各个朝代发生的重要事件，认识有名的历史人物。

古人很重视习惯培养

除了学习文化知识，古代的蒙学教育还很注重对儿童进行基础的训练。在生活礼节方面，蒙学教育会对孩子的行为举止、待人接物有所要求；在学习上，重视帮孩子们养成好的学习习惯，比如读书声音洪亮、写字工整、爱护课本等。

花朝节

东京城的春天是最美的！经历了一整个冬天的沉寂，随着花朝节的到来，几天的工夫，整座城焕发了活力，充满缤纷的色彩。

母亲告诉我，花朝节是个传统节日，从晋代就开始有了，到了唐代变成了一个盛大的节日，我们重风雅的宋人，喜欢这个节日，便延续了下来。过节的时间还比以前提早了，唐朝时的花朝节是农历二月十五，而我们在二月十二就过节啦！

通过花朝节就可以看出人们有多爱花，就连我们家的花园里都种了很多花。一年里，在不同的月份会有不同的花盛开，而每种花都有自己的美。家里的房间常常摆着花瓶，插着鲜花。不仅如此，人们的头上还会簪花呢！

在花朝节这一天，为了表达对花神的敬意，人们会去花神庙祭拜花神。不过，今年有些意外，母亲决定带着我们用赏红表达对花神的敬意。

雨中花·岭南作

〔宋〕朱敦儒

故国当年得意，射麋上苑，走马长楸。对葱葱佳气，赤县神州。好景何曾虚过，胜友是处相留。向伊川雪夜，洛浦花朝，占断狂游。

胡尘卷地，南走炎荒，曳裾强学应刘。空漫说、螭蟠龙卧，谁取封侯。塞雁年年北去，蛮江日日西流。此生老矣，除非春梦，重到东周。

花神的形象

关于花神的形象来历，有很多不同的说法。早期的流行说法是，花神名叫女夷，号为“天帝之女”。《淮南子·天文训》记载：“女夷鼓歌，以司天和，以长百谷禽鸟草木。”之后逐渐加入道教因素，花神被认为是西晋女道士魏夫人的弟子，名叫花姑，她餐风饮露，统领群花。《花木录》称：“魏夫人弟子善种花，号花神。”到了明清时，人们渐渐把历史名人和文人墨客联系到一起，不但形成了十二位女花神的文化概念，还形成了十二位男花神。

赏红

母亲是爱花之人，很重视这个节日。今天，她要上街赏花，还要亲自选购一些插花的材料。我和弟弟妹妹也随她同去。

临行前，母亲特意从花园里采摘了几朵玉兰花、杏花给我们簪上。

大街上热热闹闹的，多了些临时的摊位，挑着担子的货郎比比皆是，各种各样的吆喝声，不绝于耳。来来往往的人们穿着春季的衣服，不论男女老少，都将鲜花插在自己的头发上，以此来庆祝节日。

沿街的商铺门口大多摆放着花篮。每一个花篮的样式都不相同，有着不同的主花和配叶，搭配手法也不同，呈现出不同的韵味。

我发现，一些鲜花的花枝上系着彩色的丝绸，它们随着微风摇曳，衬得花朵更加婀娜多姿了。

我们边走边欣赏，母亲看得尤其入神，我在她身旁时而听见她轻声感慨：“妙啊！”

我猜，或许，她正在酝酿自己要插一个什么样的花篮呢！

“夫人，孙家花店铺子到了。”侍女白芷提醒道。

母亲这才驻足，抬头朝着店铺的招牌望了一眼。

这是母亲常来的花店，店里的鲜花种类齐全，引得蜜蜂、蝴蝶都在他家店的门口飞来飞去。母亲选了几种花，让老板帮忙包好。

扑蝶、挑菜

这时，有一伙人从我们身边走过，有两个仆人抬着轿子，上面坐着的想必是他家主人。仆人们有的扛着交椅，有的拿着酒具注子，有的提着食盒。

我问母亲：“他们是要出城去踏青吧？”

母亲点点头。

我说：“我们什么时候出去呢？憋了一个冬天了，确实很想出去游玩呢！”

“哎呀，舟儿，我今天下午约了几位姨母聚会，你父亲今天下午也要去章伯父家的园子聚会，不然确实可以带你们出去呢。”母亲说到这儿，顿了顿又说，“不过，东京这几天的气温还有点儿低，再晚些天出去景致更好。”

我点点头，说：“好啊，娘，等清明节我们就可以去踏青了。”

花朝节的别名

花朝节也叫“扑蝶会”“挑菜节”。农历二月春回大地，草木萌新，郊外呈现出生机盎然的景象，“猫”了一冬的人们都喜欢到郊外透透气，挖野菜、追蝴蝶。而且，宋时的文人士大夫们还很流行吃野菜，见到知己好友还会互相赠送名贵的蔬菜。

母亲又说道：“不知你还记不记得了，你四岁那年花朝节，我们全家去了郊外，想挖些野菜回来吃个新鲜，你呀，到了野外还追着蝴蝶跑来跑去的。你还吃到了你人生中的第一个花糕，直吃得满脸都是，像只小花猫一样……”

“不记得了……不过，不管是扑蝶，还是挖菜、吃糕，我都喜欢，我期待下一次的花朝节踏青。”

春菜

苏轼

蔓菁宿根已生叶，韭芽戴土拳如蕨。
烂烝香荠白鱼肥，碎点青蒿凉饼滑。
宿酒初消春睡起，细履幽畦掇芳辣。
茵陈甘菊不负渠，绘缕堆盘纤手抹。
北方苦寒今未已，雪底波棱如铁甲。
岂如吾蜀富冬蔬，霜叶露牙寒更茁。
久抛菘葛犹细事，苦笋江豚那忍说。
明年投劾径须归，莫待齿摇并发脱。

宾客盈门

下午，母亲的朋友们陆陆续续地到来了，家里很热闹。大家都夸赞摆放在院子门口的花篮很漂亮，母亲很自豪，这可是她的手艺。

今天来做客的姨母们，有的还带着自己的女儿，她们个个儿都精心打扮过，穿着充满春天气息的衫、裙，头上簪着娇艳欲滴的花。

母亲招呼我和弟弟妹妹向大家问好，行揖礼。

姗姗来迟的是朱姨母，她向大家表示歉意。

母亲问：“你今日怎么没有带淑云来？”

朱姨母回答：“她呀，说是参加几个小姐妹的插花局去了。”说完她咯咯地笑，接着又用目光挨个儿看着众人说，“淑云特意让我代她给几位姨母问好，说等她学好了插花的手艺给你们送花篮。”

朱姨母的这番回答令大家都很开心。大家纷纷赞叹，年轻女子有插花的手艺真是不错，集市上有各类鲜花售卖，可以尽情挑选买回去，施展手艺。接着，母亲和姨母们热络地讨论了一番何时也一起办一场插花聚会。

朱姨母赶忙接话说：“那很好啊，你们个个都是插花高手，我不太会，到时候就让淑云代我现丑。”

哈哈哈……大家又是一阵欢笑。

花朝节也是文人雅士的聚会

花朝节在唐朝时兴盛，但那时还不是一个全民节日，主要是皇帝和贵族比较重视。那时的文人雅士们每逢花朝节就会聚集在一起，欣赏美景，饮酒赋诗。大诗人白居易在《祭崔相公文》中，就回忆了与好友崔敦、元稹、刘禹锡等在花朝节的杏园中的欢聚。这个习俗，到了宋朝也保留了下来。到了花朝节，普通人赏花、吃花糕就罢了，而文人士大夫们却习惯在这个有点浪漫的节日里相聚，吟诗作赋。

好吃的百花糕

仆人端来了几盘百花糕，母亲邀请大家品尝：“这些都是用鲜花制作的，新鲜着呢，姐妹们，快尝尝吧！”

相传，唐朝女皇武则天很爱花，她在花朝节时突发奇想，命令宫女将百花和米捣碎后，蒸成花糕。花糕既有花朵的馥郁，又有谷物的香甜，是一种很可口的点心。后来在花朝节吃花糕的习俗就流传下来了。

苏姨母拿着一块花糕咬了一口，说：“哟，我这块是桂花糕，蜜一样香甜。”

张姨母接着说：“我这块是牡丹糕吧？我刚吃一口就觉得这样袭人的芬芳似曾相识，一想正是赏牡丹时闻到的香味。”

母亲连连点头回应她们。

这时，吴姨母的女儿佩霞看向我母亲，说：“姨母，我这块既有茉莉的清香，又有玫瑰的浓郁，似乎还夹杂着菊的醇厚，入口的味道很有层次，很微妙，但我不知道这块到底是什么花制的……”

母亲笑盈盈地说：“佩霞，你吃的这块是百花糕呀！添了好几种花的花瓣，你有口福哟！”

佩霞姐姐很开心，继续吃了起来。

花园里的斗茶会

大家品尝了花糕，闲聊叙旧之后，母亲邀请大家到花园里。我家花园里的花朵，此刻有的已经盛放，散发着芳香，到了春天，这里真是如诗如画的地方。果然，繁茂的花朵招来了翩翩起舞的蝴蝶。我们小孩子就开始了撒欢儿，追赶着蝴蝶玩。

大家都在石桌前找好了位子坐好，母亲宣布开始今天的主题——斗茶。

几位姨母也都将各自带的茶粉拿出来，积极准备展示自己学的点茶花样。斗茶的过程是每个人分别用自己的技法点茶，然后再作比较。

点茶的人先把茶粉放入茶盏，倒入沸水，调成了糊后用茶筅（xiǎn）击拂出沫。衡量斗茶的胜负主要看两方面：一看茶面汤花色泽和均匀程度，二看盏的内沿与汤花相接处有无水痕。

毫无悬念，母亲在这两方面都更胜一筹，赢了这局斗茶。大家相互交换茶盏，一起品茶，对母亲行云流水的点茶手艺无不心服口服，赞叹不绝。

茶具十二先生

茶具有十二先生之称，斗茶用到了其中八种，还有四种分别是：韦鸿胪（hóng lú），宗从事，胡员外，司职方。

寒食节的传说

寒食节，是宋朝的大节之一。

哪天是寒食节呢？母亲教我宋朝历法的推算方法：从冬至日往后推一百零五天，就是这一年的寒食节啦！一般来说，寒食节在清明节的前一两天。所以，寒食节前后会放七天假，其中就包含了清明节。

关于寒食节的来历有很多说法，其中比较出名的是，为了纪念一个叫介子推的人。相传介子推在晋文公没有当上国君还在逃难的时候，为了能够让晋文公活下去，割下大腿上的肉为晋文公充饥。他可以算得上是晋文公的救命恩人，可是他没有挟恩图报，而是带着母亲去绵山隐居了起来。等晋文公终于想起来要给介子推封赏的时候，他已经寻不到人了。这时，有小人向晋文公进言，说可以放火烧山，把介子推吓唬出来。晋文公觉得有道理，但他万万没想到介子推和他的母亲宁死不从，大火烧了三天三夜才灭，等到火灭后，人们才在一棵树下找到介子推和他母亲的尸体。

晋文公很后悔。此后为了纪念介子推，每逢介子推的忌日都不准生火。渐渐地，就形成了寒食节，以及节日里吃冷食的风俗。

准备寒食节的食物

过寒食节的规矩是，从寒食节当天的凌晨开始，一直到清明节凌晨，家家户户三天内不能生火做饭。所以，提前几天，家里负责打点厨房的仆人们就张罗着准备好这三天的食物，家家户户也都如此。

仆人们在厨房准备的时候，我过去看了看，他们真是忙得热火朝天呢！上锅蒸的、下锅炸的，各种适合存储、不容易变质的食物都在准备中。做好的食物被放到厨房的条案上，冒着热气，等待冷却后再分装。

一个仆人在炸素丸子，她愁眉苦脸地嚷嚷：“就剩一个盆子了，恐怕装不下。”

她旁边的帮手说：“先前已经把能用的盆、碗啊，都倒腾出来装上了，这可再去哪儿找呢？！”

炸丸子的仆人说：“你再去问问山红吧，她先前腌菜的盆子能不能腾出来一个两个的。这锅丸子就要出锅了，急呀！”

“行嘞。”那个帮手速速跑去找盆了。

我看着厨房这派热火朝天的景象，心里想，虽然过几天要吃冷食，但一年里有几天是这样，是不是还挺新鲜的?！

清明节的传统食物，各地大不同

我国各地清明节的节令食品不尽相同，人们总是在这些节令食品里寄托着一些对健康、消灾的寓意。比如，在湖南，人们用新鲜的蒿叶、地菜子等捣碎了和米粉做粑粑，有“清明吃了青，走路一身轻”之说。在浙江一带，人们在清明吃海蛳，叫作“挑青”，认为这样可以明目；在江苏常州，人们会煎隔年大团子，据说“清明大团子，吃了勿脚痛”。

寒食节的餐桌

到了寒食节，我们早晚餐会吃稠饧。

妹妹尝了一口，微微皱眉，用手一推，说："太凉了。"

母亲哄着她说："汶儿，这里面加了麦芽糖哦，你再尝尝，很甜呢。"

我尝了尝，这粥有麦芽糖的浓香甜蜜，不难喝。只是，甜归甜，但比不上热粥吃下肚舒服，毕竟现在是初春时节，外面的气温还很低呢！接下来连续顿顿吃冷饭，对我们的肠胃来说真是一项严峻的考验。

弟弟也不太适应这冰凉的口感，慢吞吞地喝着。

“谁让这是传下来的规矩，凑合凑合吧。”我对弟弟说。

弟弟哼唧两声，继续吸溜着碗里的稠饧。

除了稠饧，还有两种主食是为寒食节特制的。它们都是蒸熟的面点，一种叫“子推燕”，一种叫“枣”。子推燕的样子就像飞燕，而“枣”呢，是白白的面点上插满了大枣，红白分明的样子。

除了主食，我们也要吃点儿肉。有一种肉食叫“冻姜豉”，是用姜末和豆豉凉拌的猪肉冻，这个很好吃。

制作麦芽糖

卖麦芽糖的来啦！

在寒食节期间，有些小贩还会挑着桶走街串巷地叫卖麦芽糖。他们走一段儿，就会吹箫，各家的孩童听见那呜呜咽咽的声响便知道是卖麦芽糖的来了，跟父母要点儿钱，跑出来买上一小碗，这可是寒食节里的一点儿美好的滋味了！关于这件事，古诗里有描写——北宋状元宋祁《寒食假中作》诗云：“草色引开盘马地，箫声催暖卖饧天。”

生新火

寒食节刚过，就到了清明。这天早晨，我家特意举办了生新火的仪式，表示要恢复正常的做饭生活。

在宋朝，无论是皇宫，还是大臣府第，以至普通老百姓的家里，都备有火镰和火折子。

火折子制作过程
竹筒盖子打孔晾晒
薯蔓锤烂
芦苇缨子、棉花
等原料晾晒剪断
将原料混合
锤烂成绒状
木炭粉、硝、松香粉、雄
黄粉、樟脑粉混合均匀
卷起来放入竹筒——点燃，
然后吹灭，盖上盖子
将绒状物平铺纸上
向上撒混好的粉末，
拧成绳状

插柳

清明节一大早，家里的几个仆人拿着柳枝往大门外走。我知道，他们是要往门上插柳枝！这是清明节的一个习俗，每年我家都会这样做。

关于为什么要插柳枝这件事我还问过母亲呢！母亲启发我说：“你看冬春转换之时，柳枝最先吐出新绿，说明这柳树最先接住春气。”

经过母亲的提示，我猜，插柳枝一定是有好的寓意。这生机蓬勃的柳树，多么有生命力呀，所以插柳也许正是表达了人们消灾免病、延年益寿的愿望吧！

柳枝之外，还有其他植物

清明节，很多地方的人都有佩戴或在门上插植物的习俗，但不同地方的人选择的植物有所不同。比如，天津宝坻的人们戴松枝，山西万泉的人们戴麦苗和柏树叶，江苏苏州的人们则会在门上插桃树枝。

出城扫墓

清明节当天，我们还要去扫墓。

大家庭里的男子都要参与。这天，我大伯父和三叔父，还有我父亲，带着我们几个堂兄弟，乘着车马去郊外的墓地给我的祖父母扫墓。

当我们出城的时候，因为车马太多，还排队等候了一阵呢。父亲说，这种情况会持续一个月左右，全城的人陆陆续续去郊外扫墓，不一定非要在清明节这天完成。

我们到达墓地后，将带来的各种供品摆放在坟前。等扫完墓后，我们又把这些食物带了回来，大家分吃。

与清明节有关的古诗

清明

〔唐〕杜牧

清明时节雨纷纷，路上行人欲断魂。

借问酒家何处有，牧童遥指杏花村。

草地上的蹴鞠赛

到山野间扫墓过后，人们往往会进行一些放松心情的活动，游乐一番。

我们家呢？大堂哥提议说：“今天家里的男子都聚齐了，我们可以进行一场草地蹴鞠比赛吧！”

我还小，怕他们玩儿不带我，赶忙笑嘻嘻地对父亲说：“您是高手，带上我一队吧！”

“我也和你们一队。”二堂哥走到我们这边。

这样，父亲、二堂哥与我组成一队，大堂哥和他的一个贴身仆人，还有三叔父组成一队，我们请大伯父当裁判。

要怎么玩呢？二堂哥提议：“我们今天人少，就来‘白打’吧！”

白打就是不用设球门，两个球队分别派人，在场中轮流表演，以头、肩、背、膝、脚等身体部位顶球，做出各种高难度动作，以球不落地为标准。裁判根据技艺水平给两队打分。

还有一种玩法是“筑球”，强调对抗性。球场中间会竖起一个大球门，用彩带结成网。比赛的两队各有十二人或者十六人，穿不同颜色的球衣，分别站在球门的两边。每个球员依照自己的角色与分工，站在不同的位置。

我们两队分工布局完成，各就各位后蹴鞠赛热热闹闹地开始啦！

鞠

鞠也叫作“气毬”，内胆是用猪和牛的膀胱充气，外面用裁好的羊皮细密地缝制而成的。听说在唐朝时期，鞠的制作是使用八片鞠皮，而到了宋朝，鞠皮改进为十二片，所以鞠的外形看起来更加浑圆了。

齐云社

蹴鞠是一项很古老的运动，它在春秋战国时期就有了，等到了宋朝，蹴鞠运动发展尤为蓬勃，甚至成了一项全民运动，因此还成立了一些专门的行会组织，类似于今天的足球俱乐部，其中最有名的叫齐云社，也叫圆社。加入齐云社的门槛较高，要有高超的球技，而且入社后需严格遵守社规。除了齐云社等，在街上的勾栏瓦肆里也有专业的艺人进行蹴鞠表演。

琴声悠悠

清明节后一天，还在放假。大伯家的二堂哥、二堂姐和三堂姐和我约好一起去踏青。出城的时候，我们等待了好一阵子，今天出去郊游的人太多啦！去往郊区的一路上，我们看到很多出来活动的人，赏花的、斗草的、唱歌跳舞的，处处充满闲适与惬意。

来到了目的地，我三堂姐周蓉伸着懒腰说："都'猫'一冬了，可算能出来透口气！"

春天的东京城外，草地上盛开着各种野花，它们在微风中轻轻摇曳，散发着芳香。我们置身大自然中，感受着春天的美好和生命的力量。

我和二堂哥也加入活动筋骨的队伍，伸伸腿啊，伸伸腰啊，好舒适！草地那边，二堂姐优雅地取出了自己带来的古琴，弹奏了一首曲子，琴声悠扬动听，如同春日里的一缕微风，轻轻拂过了我们的耳畔。

我们被吸引了过去，坐在她的身边聆听。我感到自己的身心都被琴声所净化，等一曲完毕时，对她说："二姐的琴声，美得让人陶醉呢！"

二堂姐羞涩地笑笑，学着我的口吻说："舟儿弟弟的夸赞，像蜜一样甜呢！"

古诗词里的十大乐器

谁家玉笛暗飞声，散入春风满洛城。

——唐 · 李白《春夜洛城闻笛》

笛

伤春情绪寄箜篌。流水残阳芳草、伴人愁。

——宋 · 陈允平《南歌子 · 懒傍青鸾镜》

箜篌

琵琶

小莲初上琵琶弦，弹破碧云天。

——宋 · 苏轼《诉衷情 · 琵琶女》

锦瑟无端五十弦，一弦一柱思华年。

——唐 · 李商隐《锦瑟》

锦瑟

若言琴上有琴声，

放在匣中何不鸣。

——宋 · 苏轼《琴诗》

琴

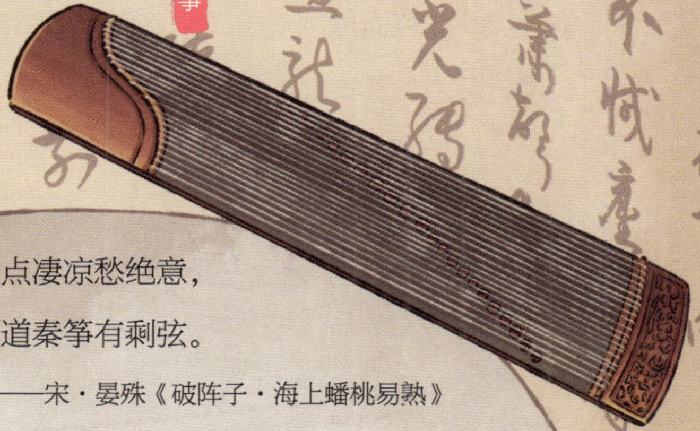

一点凄凉愁绝意，

谩道秦筝有剩弦。

——宋·晏殊《破阵子·海上蟠桃易熟》

凤箫声动，玉壶光转，一夜鱼龙舞。

——宋·辛弃疾《青玉案·元夕》

胡笳怨兮将送君，秦山遥望陇山云。

——唐·岑参《胡笳歌送颜真卿使赴河陇》

歌钟对明月，不减旧游时。

——唐·李隆基《轩游宫十五夜》

昼听笙歌夜醉眠，

若非月下即花前。

——唐·白居易《老病》

放风筝

我拿出风筝，放出长线，风筝在空中翩翩起舞。哥哥姐姐们也都跟着我跑着、笑着。突然，风筝卡到了一棵大树上。糟了！该怎么办呢？我跑过去，把风筝线轻轻地往下拉，希望可以让风筝从树上滑过，重新飞起来。可是，情况不妙，线越绕越紧了。

观村童戏溪上

〔宋〕陆游

雨余溪水掠堤平，
闲看村童谢晚晴。
竹马踉跄冲淖（nào）去，
纸鸢跋扈挟风鸣。
三冬暂就儒生学，
千耦（ǒu）还从父老耕。
识字粗堪供赋役，
不须辛苦慕公卿。

孔子也爱踏青

古人在春天踏青的风俗由来已久，春秋时期的思想家、教育家孔子喜欢在春天里和他的弟子一起出游。《论语》记载，有一次，孔子让子路、曾皙、冉有、公西华等几个弟子各言其志。曾皙说自己的志向就是：“暮春者，春服既成，冠者五六人，童子六七人，浴乎沂，风乎舞雩（yú），咏而归。”孔子听了之后深表赞同。于是，在暮春时节，孔子就邀请朋友们一起到野外欣赏美丽的景色，用沂河水洗脸，在舞雩台上吹风，唱着歌回家。这种踏青活动不仅让弟子们感受到了大自然的美妙，也让他们感受到了友谊和快乐。

我更着急了。好在，我那机灵的三堂姐找来了一截长长的树枝。她把树枝递给我二堂哥，说：“二哥个子高，可以够到！”

二堂哥举着树枝，去挑起绕在树干上的风筝线，再拉着自己手里的线，调整松紧度，风筝终于从大树上掉落下来！

我开心地欢呼，赞美道：“二哥威武！”

二堂哥赶忙看着我三堂姐，说：“还不是三妹聪明！”

“好啦，就不要互相吹捧了！”三堂姐说道。

哈哈，我们一起欢笑，又可以放风筝喽！

金明池看水戏

清明节过后，天气转暖，年轻人和小孩子都可以到户外活动筋骨，做游戏啦！我们都很喜欢到户外荡秋千。不过，让全城老百姓最期待的，要数在新郑门金明池畔举行的水上表演啦！金明池是东京城内的一个人工湖，由宋太宗赐名，本是用来训练水军的场所，后来演变成皇家园林，皇帝在此春游和观看水戏。

这天一大早，我们全家都兴冲冲地奔着金明池而去。皇帝和皇后都到场了，皇帝乘坐的龙舟格外气派。全场观众人声鼎沸，大家都激动不已。

两艘雕梁画栋的大船在水中缓缓移动，船头上架起高高的秋千。一个人爬上那高高的秋千，他的脸上洋溢着自信的笑容。表演开始了，船上的乐队奏起了欢快的乐曲。那个人在奋力地荡着秋千，秋千越升越高，似乎马上就要飞上了天空。当秋千达到顶点时，表演者突然松开了秋千绳，整个人向后倒去，像一只自由的水鸟般冲进了水中。观众们惊叹不已，为他的勇气和技巧喝彩。

与此同时，在船尾处，一群百戏人在进行上杆表演。他们手脚麻利地爬上了长长的木杆。接着，他们在杆顶展示出各种高难度的动作，让人目不暇接。最令人惊叹的是，他们展开长卷，上面书写着“庆国泰民安，贺风调雨顺”，观众立即送上雷鸣般的喝彩。

精彩又刺激的演出，给我们在这个春天里留下了珍贵的记忆。

Books Bear
布克熊童书

李静敏 著
中采绘画 绘

大宋超好玩

萌娃宋朝游学记 2

文化发展出版社
Cultural Development Press
·北 京·

目录

完善的地图

春天过半的时候，东京天气回暖了，汴河水汩汩地流动起来了。

这一天，父亲很高兴地从官署回来，并带回来了一个好消息：因为公务，他需要去江南一阵子，顺便可以带着全家去江南探亲，母亲已有几年没有回去探望双亲了。

“太好喽！”听到这个消息我非常开心，我还没出过远门呢！之前，我去过最远的地方乘马车半天之内就能到。

我要做一个完美的出行计划！

计划做好了！

我问父亲：“爹爹，我听娘说过去江南的路途遥远，我们这次怎么去呀？”

父亲说：“乘船去，汴河水路是江南与东京交通往来的首选。”

父亲展开一张作为官员才有的地图给我看。父亲的手指点在东京城的位置，他告诉我这里有几条代表河流的曲线穿过城内，居中的那条，最为显眼，就是汴河。说着，父亲的手指一直向东勾画，只见汴河出了城以后，还蜿蜒曲折了很长的里程。当到达泗州时，父亲的手指一点，说：“汴河汇入了淮水，从这里我们要转到去往江南的运河上。”

父亲的手指沿着一条南北走向的河流点去，而后在运河畔的一座城池的位置停住，我看见这里标注着小字：平江（今苏州）。

“这条水路真是好长呢，要多久能到啊？”我问。

“加紧赶路，估计二十天吧。”父亲说。

我深吸了口气，看来这次要离开家里很久了，不过，我也很期待接下来的船上旅程呢！

地图

中国制作地图的历史很悠久，在春秋战国时期秦惠文王统治后期便有了。随着朝代的更迭，到了宋代，地图制作繁荣发展，各种专门地图分类细致，全国河山图、全国的州郡县图，以及水利、交通、工程、城市平面图等都有。那时，旅游流行，逐渐出现了具有旅游导览功能的地图，宋人称之为“地经”或“里程图”。这种地图上，会标注有道路、里程、可供歇脚的旅店等信息，人们在旅行景点就能买到。

发达的交通

我在父亲的书房里坐了很久，父亲给我讲了很多交通知识，我知道了原来宋朝的水陆交通这么发达。

陆路上的道路有官路和私路之分。官路就是由官方修建管理的，以东京为中心，沟通各州、县之间相连的主干道。这些道路很平坦、宽阔，走起来很快。

官路又分为驿路和县路两种，驿路是邮传人员往来的通道，以东京为中心向全国辐射，连通重要的州、县。有的州、县没有驿路，就依靠县路与驿路连接，从而实现与中央的信息往来。

古时候的驿站和馆驿

驿站是古时候供传递官府信息和军事情报的官差食宿和换马的地方。这里只有在有公务的时候才可以用，就算是官员在无事时也不可以使用驿站。

随着驿站的发展，馆驿应运而生。馆驿是驿站上设立的旅舍，不仅可以供官员食宿，还可以供过往的旅客使用。馆驿又有不同的级别，例如宋朝时的馆驿，就分为国家一级的馆驿、地方一级的馆驿、一般的馆驿。国家一级的馆驿用来接待外国的使臣，其豪华可想而知；地方一级的馆驿很华美，里面的设备应有尽有，能让旅客乐而忘返；一般的馆驿就要差一些了，只是为了给普通百姓提供暂住的地方，仅有居住、避寒的功能。

私路就是因民间往来方便而修建的路，弥补了官路不通的不足。

官路、私路错综复杂，相互交织，就像一张大大的蜘蛛网，将不同的地方连在了一起，神奇极了。

宋朝的水路非常发达，在全国范围内，有长江、黄河两条大河通航，东京的汴河、广济河、金水河与蔡河等连通运河和其他水系，形成了互通全国的水运网。

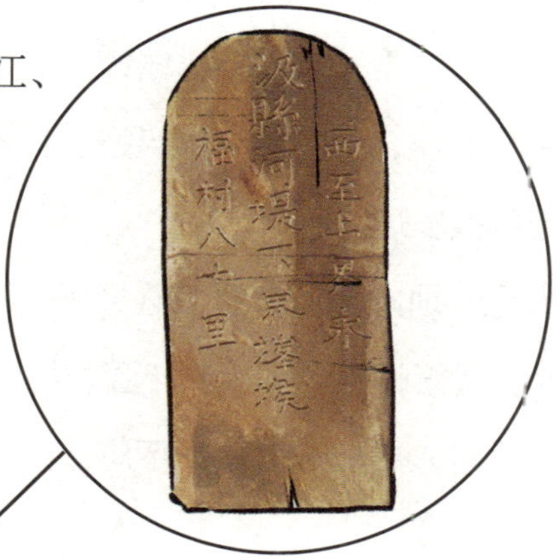

里堠

里堠相当于现在的里程碑。一般为五里、十里设立一堠，立于路边，方便路人行走的时候，能清楚地了解自己走了多远。

里堠也有简约版和豪华版，简约版的里堠就是简单的土堆，豪华版的里堠就要复杂一点了，是用石头做的，上面不仅记录了里程，还会在上面刻“交通规则”。《大阳堠石刻》记载过官道上的一个里堠，上面就刻着“贱避贵，少避长，轻避重，去避来”。

形形色色的交通工具

我们出行的路线可以有很多选择，就连出行的交通工具也有很多选择。

如果是出远门，可以选择畜力车，由马、牛、驴、骡这些擅长走路、有耐力的动物拉车，车上不但能坐人，还能装东西。不过，马是珍贵、稀缺的，除了军队使用，一般都留给皇家、官员来骑乘，民间很少使用。如果百姓想骑马或者坐马车，可以去租，东京城里出租脚力的服务很发达。

如果不去太远的地方，就有更多选择了，不仅可以坐畜力车，还可以走路、坐轿子。坐在轿子里自己不用走路，太阳晒不到刮风吹不着，特别舒服。不过，士大夫们不愿意坐轿子，比如我父亲，他认为让人抬轿是对人尊严的侮辱，不应该把人当成牲畜来使用。

家眷坐的车子

富贵人家的家眷要出门乘坐的车子，车型和平头车类似，有车厢，并挂着帘子，车顶用棕榈叶搭建而成，前头用牛拉着。

如果要出远门，走水路显然是更好的选择，因为走水路经济实惠，而且船的速度更快，可以节省时间。当然，走水路的交通工具自然就是船了。宋代的造船业很发达，每年造的船数以千计。船的种类特别多，战船、海船、客船、货船、漕运船……各种大船、小船能满足不同人的各种需求。

哇！父亲讲的这些知识真是太吸引人了，我有点迫不及待地想要出发了！

运送货物的太平车和平头车

如果一个北宋人需要运送大量货物，那他可以选择又大又稳的太平车。太平车有两个大轮，车上有厢无盖，前面用多头骡子、驴子分两排拉车，车与牲畜之间有一个人持鞭驾辕。有时也会在车尾再系两头牲畜，下坡时令它们倒拉，起到减速的作用。另一种形制相对小些的运货车是平头车，只用一头牛就可以拉动啦，东京的酒肆常用平头车来运送酒桶。

船坞

随着造船业的发展，宋朝出现了很多名人。其中有一个人，名叫张平，他为造船业的发展做出了一个重大贡献，那就是创造出了船坞。没有船坞之前，船是在河边制造的，这有一个很大的弊端，就是船很容易被水冲走，为了守护船只，每艘船都要派三户人家来守护。这样算下来，每年仅仅为了守护船只就要征调上千人，劳民伤财。后来，张平想出了一个办法，就是在河岸边挖一个大坑，工匠们在大坑里造船，等船造好后，把坑挖开一个大口子，让水流进大坑，船就可以驶出大坑，驶入河中了。这就是“船坞”。

齐全的物品

母亲早早就开始张罗着准备好我们路上要带的各种物品，将其打包进行李包裹。

不看不知道，母亲准备的东西真的很齐全，盘缠、干粮、药品、地图、玩具、书籍、礼物等，甚至还把我平时最喜欢的发带都带上了。

在母亲准备的东西里，有一样东西是我很陌生的，就是“凭由”。在宋朝，人们是不可以随随便便到处走的，一旦要离开居住地出远门，就要提前去户籍管理部门申请公验。办理时不仅要用户帖说明自己的身份，还要说明这次行程的目的地、途经何地、逗留多久，以及随从的人员、携带的东西、乘坐的交通工具等。等到公验合格，获得了许可才可以出行。

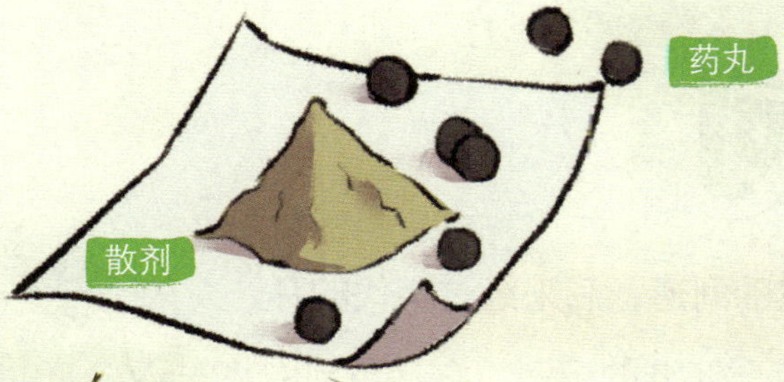

牙刷

早在宋朝就有了植毛牙刷，多用竹、木、骨等材料做柄，柄头植入马尾毛或牛尾毛做成，已经有了现在牙刷的雏形。苏州、洛阳等大城市还设有牙刷铺、牙粉行等店铺，专卖牙刷、牙粉等物。虽说如此，但是牙刷并没有普及每家每户，穷人还是舍不得用的。

常用药

古时候出门和现在一样，也会随身携带一些常用的药品，如果路上有人生病，求医看病不方便就可以对症吃药。和在家生病时服用的汤剂不同，旅途中携带的多是些丸剂、散剂，用来应对头疼脑热、肠胃不适等小病。

古人出门用什么装东西？

在没有背包的宋朝，出行就要靠“箱子”了。在《水浒传》里武松买了个“柳藤箱子”，装金银、财帛、缎匹等物品。宋代的柳编工艺发展繁荣，人们用柳树的细条编制出笸箩、簸箕、瓶子、篮子、箱子等大大小小的各式生活用具。当时，杞县产的“杞柳”枝条绵软，弹性和韧性很好，杞柳柳编也因此最有名气。

在旅途中，到了交通要道、重要的江河渡口，还有一些大的市镇城门时都会有查验，出具凭由才能获得通行。如果没有经过公验，被发现了是要坐牢的。

母亲还跟我说，进出城门的时间也要算好。像东京城，白天城门会打开，但入夜十一点到次日凌晨三点之间的时间段是会关闭的，只有算好了时间，才能避免夜晚无处安身的情况发生。如果遇上胆大的想“翻越”城墙图方便，那衙门的大门可能就要为他打开了。

繁忙的汴河

在春秋时期以前，汴河是一条天然的河道，后来经过历代的开凿，它不断地扩大，成为一条沟通东京至江淮的运河。它从黄河取水，连通淮河与长江。汴河是北宋时期最重要的漕运线。

冬天的时候，我曾和家人来过汴河边。那时汴河结冰，河道封锁，河面上没有船只，很是萧条。而现在，河冰融化了，汴河恢复了活力，热热闹闹的。

看，汴河开河了！河上的船只慢悠悠地向码头靠近，岸边叫卖的小贩儿喊声不断，采购的人来来往往，商铺前熙熙攘攘，商家和顾客都乐开了花。商家知道船上货物到了，他们又要赚一大笔钱了，而顾客开心是因为又有新鲜“货”到了，又可以“尝尝鲜”了。

大运河都包括什么？

我们今天所说的大运河，全长3200千米，共包括了隋唐大运河、京杭大运河和浙东运河三个部分。

隋唐大运河，初始开凿于春秋时期，到了隋代贯通，形成了一条以洛阳为中心，北至北京，南达杭州的“Y”字形运河。这是中国历史上第一次建成了从南方重要粮食产区直达中原地区政治中心，以及华北地区军事重镇的内陆水运交通动脉。隋代之后，唐代继续使用和疏通这条大运河，因此它也被称为“隋唐大运河”。宋代的汴河继承了唐代的通济渠。

京杭大运河，指的是从北京至杭州的运河。它始凿于春秋末期，经隋代和元代两次大规模扩展，利用天然河道疏浚、修凿连接而成。

浙东运河，指的是从杭州到宁波的运河。

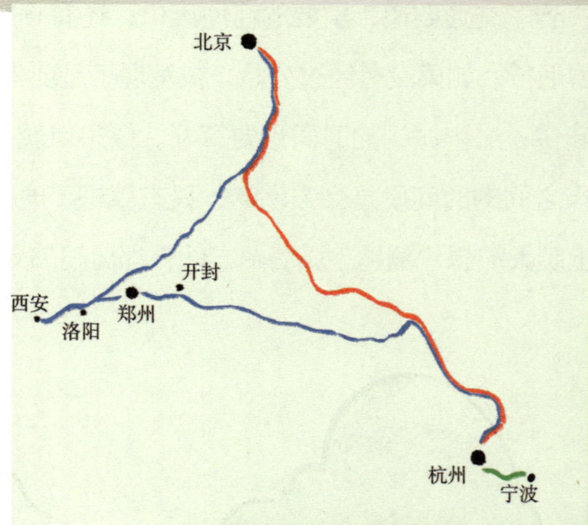

开河了，同时来的不仅仅有货物，还有来游玩的游客，沿着汴河开的商铺、酒楼、茶坊、邸店、勾栏瓦舍又都生意兴隆啦！京城里的人也伺机而动，开始策划到不同的地方去游玩了……

看，汴河开了，开的不仅仅是河，还开启了汴河两岸欣欣向荣的一派繁荣景象。

治理汴河

汴河对于北宋就像生命线一样重要。为了保障汴河的水量充足，确保船只顺畅通行，宋朝引黄河进入汴河。不过，在补充水量的同时黄河带来了大量泥沙，如果清理不及时就会导致汴河里泥沙淤积，水道变浅变窄，水位上涨，这样则很容易引发水患。因此，朝廷每年都会调用大量人力来清理淤积。北宋著名的科学家沈括就曾积极地投身到汴河治理中，实施了“分层筑堰测量法”。

来往的船只

终于到了我们出行的日子，为了不错过乘船的时间，城门一开我们就出城了，提前来到了码头。

站在码头上，我真切地感受到了汴河的壮观。

第一次看到这么多船，我和弟弟激动地指着河上的船，一会儿惊讶于竟然有那么大的船，一会儿惊讶于船造得竟然那么精致，一会儿又惊讶于船竟然下沉得那么深……我跟弟弟好奇极了，最终还是忍不住了，走到父亲身边，求父亲给我们讲一讲，为什么河上的船那么多，还形形色色，各不相同。

汴河上货船与客船有什么区别？

货船的形制圆短，没有开窗的舱室，只要能堆满货物就可以了。货船的首尾处都有苇席、凉棚，用来遮风挡雨，并且还便于在船尾操舵和在船首启碇带缆。载人的客船形制狭长，设有一间一间的舱室，两舷都有大窗，通风和采光的性能良好，船上的布置应方便船工操驾的要求，动力和辅助设施应基本与货船一样，装备齐全。

客船的种类

客船又分官家渡船和民营渡船。这两种都受国家的统一管理，按统一标准收费，还要承担盘查过往商旅行人的责任。和官家渡船的检查严格、时间固定比起来，民营渡船灵活一些。但是，因为营运地点往往是急流险滩，途中可能遇到船匪船霸，两相对比官家渡船更安全一些。

监埽（sào）官

在宋朝，工部掌管全国航运、舟车等政令，水部统一管理漕运与船舶。在水部设转运使，地方上诸路转运使的基层官员叫作监埽官。他们负责掌握船只情况，对船只长度、宽度与吃水等进行丈量，并对船的质量进行抽查勘验。对于不符合要求的船只，监埽官将禁止它们出入汴河。

父亲耐心地指着河上的船只，告诉我们，汴河上不但有许多从江南来的漕运船，还有各式客船、货船、游船，不同类型的船功用不同，所以形制也有区别，都是为了让船发挥它们最大的功用。

父亲还指着河上的船只，给我们一一讲解了船只间的区别。不仅如此，父亲为了让我们多思考，还出其不意地提出一些问题让我和弟弟回答。这下子，我真的知道了更多关于船的知识。

桅杆与拉纤

正当我听父亲的话听得入迷的时候，忽然听到弟弟一声惊叫："危险啊！"我赶紧往他手指的方向看——嚯，桥洞那边有一艘大货船开过来，船上竖立着高高的桅杆，看起来明显比桥洞高出了一截，马上要卡住了。

父亲淡定地说："不会的，这艘船的桅杆底座上有转轴，需要的时候可以将桅杆放倒。"果然，船上的人们利落地把桅杆横放下来，大货船顺利地通过了桥洞。

弟弟长舒一口气，向父亲投去了崇拜的目光。父亲继续说道：“运河上有很多帆船，风帆挂在桅杆上得到风力，有了这种能转动的桅杆，就可以使船借助多个方向的风力——风有八面，唯当头不可行。”

我很困惑地问：“刚才那艘大船没有挂帆呀？”

“进入汴河，特别是临近京城这一段，水流平缓，有泥沙淤积，大船容易搁浅，加之河上船只拥挤，所以航行速度就不能太快，需要卸帆，要靠划橹前行。”

“原来是这样呀，那船上的桅杆为何不放倒呢？”

父亲让我看刚才那艘大船，刚过了桥，它的桅杆又升起来了，岸上有很多名纤夫拉着纤绳，那些绳子的一端固定在桅杆上。父亲告诉我们，上行的时候，船需要借助拉纤来提供动力，把绳子系在桅杆上，这样拉起来就很稳固了。而下行的时候，划橹就可以了。

海船

宋代的海上贸易发达，大宋的商船多次出洋远渡东南亚、印度洋，甚至非洲东海岸，买卖货物。这背后需要有发达的造船技术作为支撑，多桅帆、平衡舵、水密舱等技术在宋时广泛应用，领先世界。要在海上远航并装运货物，海船要比内河上行驶的船只大，吨位要大，《梦梁录》记载大的商船可以承载五千料货物，按现在的计量单位换算约合300吨。想象一下，浩大的商船在茫茫海面上望不到岸，辨不清方向该有多么凶险，好在宋时已有了应用于航海的指南针，为船舶指明方向。

海船

船上的体验

我们要乘坐的船来了。因为我们出行的人多，为了更方便一些，父亲预订了一整艘船，这艘船只有我们一家人。走进船舱，里面收拾得干净整洁，就像是一个缩小的家，船舱正中，摆放着桌子、椅子，桌上还放着茶具。其他舱室里有床铺，到了晚上我们可以安安心心地睡觉啦！

船开动了，沿着汴河悠悠地行驶。

船上能生火做饭吗？

船上可以生火做饭，一种方法是用厚厚的泥巴糊一个灶台，上面放上金属板导热，生火做饭；还有一种方法是把从岸上带来的热水放入保温水桶里保存好，需要的时候用水加热食物。

白天，我们一家人坐在窗前饮茶，欣赏船外面的风景，看书、写字。到了吃饭的时间，船家给我们端上饭菜，虽比不上家里的丰盛，但也还不错。船上颠簸劳顿，我和弟弟妹妹还会吃些自己带来的点心。

到了夜晚，月亮倒映在清澈的水面上，紧紧贴着我们的船舷，我好想伸出手把月亮捞上来。入睡时，听见船橹划水清凌凌的声音，起初我感觉有些不安心，但闭上眼想象着月亮和星星洒满河面的情景又觉得很是美妙。

我们的船一路朝着东南行进，有时我们需要停靠在渡口，接受检查，补充物资后再继续前进。一晃儿，很多天就过去了。

宋朝时候有救生圈吗？

两三千年前，古人把大个儿的干葫芦挖空，当成水上救生工具和渡水浮具，被称为“渡水腰舟”，这是最古老的救生设备。人们在行船时，便会备上几个干枯的葫芦瓜，在必要的时候可以抱着它，让身体漂浮在水面上。北宋时，一个海岛的渔民用芦苇、羽毛和软质木料等东西编成了一个圆环，环住人的身体，宋人称之为“浮环”。这是现代救生圈的雏形。据历史记载，宋代抗金名将韩世忠手下部将王权便是使用这种浮环，率兵渡江，突袭敌军的。

流水入姑苏

“汴水流，泗水流，流到瓜洲古渡头。吴山点点愁……”父亲吟起唐代诗人白居易的词句，我们也抵达了扬州的瓜洲渡口，这里是运河与长江的交叉点。

在这里上岸休息了两日过后，我们继续沿着运河向南驶去。沿途的风光与之前很不一样，两岸的绿树芳草、粉墙黛瓦随着运河铺展开来。不知不觉间，姑苏城在氤氲的水汽中若隐若现。我们终于到达目的地啦！

码头边停靠的漕船正在装载货物，我回想起在京城码头上看到的卸货景象。

父亲告诉我：“春秋争霸时这里就是吴国的都城，隋代运河开通后，这里的物产惠及全国。还有一样很重要的，自古以来这里就文人雅士云集。”

“啊，这里重要的‘特产’是文人呀！”我笑着说。

姑苏城的来历

姑苏古城始建于公元前514年，当时吴王阖闾命令大臣伍子胥在江南平原上建起一座规模宏大的都城，要“内有可守，外可应敌”，伍子胥选定了这片位于姑苏山下的风水宝地，最初它的名字叫作“阖闾城”。

“你来到诗书之乡，也要多学些诗句。”父亲叮嘱我。

“这个嘛，我会背几首的，‘姑苏城外寒山寺，夜半钟声到客船……’希望这次可以不虚此行，再学几首。”我拍着胸脯说。

“舟儿是可造之才。”母亲的话让我回过神来，现在已回到了她阔别多年的故乡，她该是多么开心呀！

“娘，从前听您说过千百次江南，现在终于来到这里啦。”我说。

苏州著名的文人

唐朝时，有三位著名的文人来苏州担任过刺史。有山水诗人韦应物，有“诗魔”白居易，还有“诗豪”刘禹锡。他们不但文学造诣高，还勤于政务。

北宋时期，1034 年，五十岁的柳永终于中了进士，上任的途中经过苏州，去拜访了当时任苏州知州的范仲淹。范仲淹本就是苏州人，他曾在京城做官，因力谏宋仁宗不成，第二次被贬出京城，后因心系家乡百姓，回到苏州治理水患。这次会面，两人相谈甚欢，柳永留下了动人词作《瑞鹧鸪 · 吴会风流》。

水网交织的城市

呼，我们终于到了。

我们下船的时候，舅父已经带着清烁哥哥和家里的侍从在等着接我们了。

坐上了马车，看着这座陌生的城市，我感到很新奇。放眼望去，城里到处都有水，走了没一会儿，就会过小桥，城内小河纵横交错，像一条条小触角伸向了人们的生活中去。它们或与街道平行，或“横街拦路”，这样水陆协同的交通很是有趣，它们就像是交织的水网。

乌篷船

乌篷船因外观上的竹篷被漆成黑色而得名。古时候，绍兴一带河流密布，人们主要以捕鱼为生。因为捕鱼要求快捷、方便，而边捕鱼边用手划船会很吃力，人们就发明了用脚划船的乌篷船。古时的乌篷船的乌篷比现代的要大，一般可容纳1～3人。后来，乌篷船发展成了娱乐游玩的出行工具。

“看，她们都在河里洗东西，看着真好玩啊！”我惊呼出来。清烁哥哥和弟弟都探出头来看。“这里的人都是在河里洗米洗菜洗衣服的，等有时间我带你们去河里玩，我们还可以坐乌篷船。”清烁哥哥很有主人的样子，一副包在他身上的样子，我和弟弟开心地笑了。

看着水上的乌篷船来来往往，听着路上行人的吴侬软语，真的很惬意。就像父亲教我的诗里说的：“君到姑苏见，人家尽枕河。古宫闲地少，水港小桥多。”

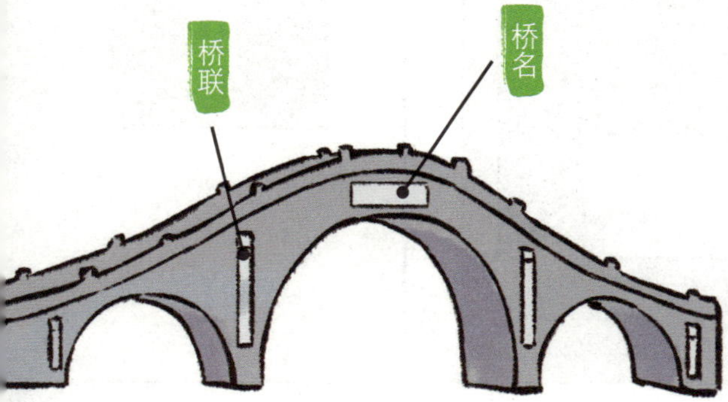

苏州的桥

“江南水乡”苏州有很多座桥，最古老的桥是始建于春秋时期的乌鹊桥。唐代修建的桥主要是木桥，宋以后多为石桥。现存最古老的是宋代桥梁，用料都是花岗岩和武康石，桥上的石栏杆有精雕细刻的图案，桥上还有桥名、桥联。

奇趣奇美的宅院

外祖家是祖上留下来的宅子，经过多代人的修缮，依旧保持良好，一进去就能感受到房子里充斥着的古香古色。

母亲喜悦地走进门：“我在这里长大，对这儿再熟悉不过了。这座宅子有着一重重的厅堂和院落。”

果然，我们从大门进入，正对面的是轿厅，转弯进入内院，又是一个大厅，然后第三进，有东西披屋和小院，接着还有一进……每一进都布置得协调、有序，让我感到新奇。

“孩子们来喽！”外祖父、外祖母热情地招呼我们。

亲人们相拥，互相问候，母亲与外祖父、外祖母用温软的吴语拉家常，分外亲切。

让我感到惊奇的是，宅第的后院还有一座自家修建的园林，外祖父、外祖母在那里设好了接风宴。走入园林，我立即就被眼前的景观吸引了，感觉这里就像是一处宝藏，有着太多好看的、好玩的。园林地方虽不大，但玲珑幽静、朴素清雅，有一个小池子，微波轻漾，池边有湖石点缀，还有一座用石头堆砌的假山。池塘里种了荷花和一些水生植物，粉绿相间，美丽清香。我们刚才站的地方，光线幽黯，而朝着月亮门走近，视线就豁然开朗起来。

我父亲说：“真是不到园林，不知春色。”

弟弟停下脚步欢呼着：“太好啦，我可以捉蜻蜓了！”

家宴设在一张阔大的石桌上，我们在这里其乐融融。

古老的园林——沧浪亭

沧浪亭是苏州园林的代表之一，清幽古朴。据说旧址是五代时吴节度使孙承祐的池馆，北宋诗人苏舜钦四万贯购入，修建了沧浪亭。苏舜钦自号沧浪翁，‘沧浪亭”则取意于先秦民歌“沧浪之水清兮，可以濯吾缨；沧浪之水浊兮，可以濯吾足”。

泛舟太湖

父亲在平江府（今苏州）的好友吴叔父、陈叔父听说我们来了，特意差人送来请柬，邀父亲泛舟太湖，为他接风洗尘。

父亲带我们赴宴，我们乘舟来到太湖边，上了举办宴席的游船。这艘游船形制狭长，雕栏画栋，装饰得非常华丽。船舱内部空间开阔，两面有窗，摆设着香鼎瓶花。湖面上也有很多类似的游船，人们都在欣赏这优美的湖光山色。

太湖石

“太湖石”是中国古代著名的四大玩石（英石、太湖石、灵璧石、黄蜡石）之一，因盛产于太湖地区而古今闻名，奇形怪状玲珑剔透，用于建造园林、收藏和观赏。现在广义上所说的太湖石是对各地产的由岩溶作用形成的千姿百态的碳酸盐岩的统称。

太湖

太湖面积广大，是我国东部五大淡水湖之一，是传统意义上江南地区的腹心。它与周围大大小小的江、河、湖泊沟通相连，烟波浩渺。这里盛产银鱼、白鱼、白虾、珍珠等。

船在湖面上缓缓行驶，船上有一支乐队为我们演奏美妙的乐曲，女子用吴侬软语浅吟低唱。趴在船窗上，微风拂面，看船行过的微微波浪，偶尔有调皮的鱼儿跃出水面，真是令人怡然自得。仔细聆听，仿佛还能隐隐听到湖上其他的船只传来的乐曲声。

宴席开始了，今天的菜肴以新打捞上来的鱼虾等为主，菜品各式各样，还有由米粉制成的花色点心，我美美地大吃一顿！父亲他们显得更高兴，好友相聚，觥筹交错，好不热闹！喝到酒酣时，他们还诗兴大发，吟诗作赋，交谈欢洽。今天，我们为渔夫伯伯丰收的成果欢呼，为自己钓上小鱼拊掌，为看到不同形状的山而惊呼……

我想我爱上了游湖！

觥筹交错

出自欧阳修的《醉翁亭记》，觥，指酒杯，筹，指行酒令的筹码。酒令是古代酒席上的一种助兴游戏。席上，人们推选出一人为令官，其他人听令轮流作诗词、联语等，违令者或负者罚饮。“觥筹交错”这个成语形容许多人聚在一起饮酒的热闹景象。

觥筹交错

插田又蚕桑

我们在乡下还看见了大片的稻田，农人们在不停地把稻秧插进水田里。太湖一带的人们从很久以前就开始种植水稻。吃饭时，我也常听母亲念起“苏湖熟，天下足”的俗语，我们吃的稻米便是从这里运来的。这回亲眼看见了稻田和农民弯腰劳作的情景，我有了更真实、具体的感受，稻米是农民千百次弯腰耕耘的成果啊。

外祖父和外祖母送给我们新衣服。京城的服饰风格是古朴、大气的，但江南的服饰更华丽、纤细，还很重视细节，衣服上常有精美的刺绣。

“你们想不想看看衣服是怎么做出来的呢？”母亲提议带我们去种桑养蚕的农家看看。

我和弟弟妹妹都非常开心。到了乡下，我们在农户家里看到了蚕宝宝们吃桑叶的样子。这些小小的生命，吐出又细又长的丝线，女子们将这些线做成柔软、光滑的丝织品！

母亲看着养蚕女忙忙碌碌的身影，很同情地说：“制作一件衣服，工序繁杂，栽桑、养蚕、缫丝、织造到成衣……男人负责栽桑，女子负责养蚕，忙完了还要做很多琐碎的事情，纺线、织布都很费时费力，很辛苦啊。”

采桑
喂蚕
分箔
上蔟
炙箔

缫丝
络丝
织布
成衣
剪帛

精致手作

天气晴好时，母亲终于有时间带我们去逛街了。

平江府的集市可真繁华啊，街上各号商铺依次排列开来，各种各样的商品琳琅满目，乐器、盆景、扇子、纸砚、字画、刺绣、首饰等各式手作商品应有尽有。

母亲说江南的女子从小就会学习手工艺，江南更是有着数不尽的手工作坊，宫廷中也有很多江南织造的手工艺品。说着，母亲带我们来到了一家布庄："看，这里的衣服和京都家里的衣服是不一样的哦！"

苏绣

以苏州为中心的刺绣艺术的总称，位列中国四大名绣（苏绣、湘绣、粤绣、蜀绣）之首。苏绣历史悠久，宋代苏绣艺术已达高水平，宋代以后苏州城内出现了锦绣坊、绣花弄、滚绣坊、绣线巷等集中生产绣品的地方。苏绣以精细、雅洁著称。

听了母亲的话，我和弟弟妹妹们都围过来，七嘴八舌地讨论起来：

“哇，这里的衣服颜色真鲜艳！”

“是啊是啊，看上去穿起来会很凉快！”

“你们看，那件衣服上落了一只蝴蝶！”

小妹妹的话一落，我们都笑了开来，母亲看我们笑得大声，拍了拍我们的头，说：“你们知道那个手帕上的蝴蝶是绣的，可是，你们知道那是闻名天下的苏绣吗？来，给你们开开眼！”

说完，母亲叫人取了帕子来看。哇！帕子的另一面竟然还绣了一朵漂亮的花！我们真的是长见识了。

回去前，母亲又买了一把油纸伞送给妹妹。

妹妹可爱的模样，配上这样一把明丽的油纸伞，即使没有蒙蒙烟雨，也显出江南小姑娘的温婉气质了。

立夏来了

这天上午，我和弟弟妹妹正在院子里的花坛边玩。“哎呀！”蹲在地上看蚂蚁的弟弟忽然蹦起来，摸摸头。我也赶快摸摸头，抬头望见天空中开始落下雨滴来。我赶紧叫弟弟妹妹回屋去。刚一进屋，雨水便噼里啪啦地落下来了。

我抱怨道：“江南的雨怎么脾气这么急，说来就来！”

母亲被我逗笑了，说：“立夏了嘛。”

妹妹在一旁好奇地问：“立……夏？是节日吗？”

母亲耐心地讲了起来：“立夏是很重要的节气，标志着夏天开始了。一年有四季，立春、立夏、立秋和立冬分别标志着春天、夏天、秋天和冬天开始了。夏季的气温、雨水和光照都会影响着庄稼的成长，今天可是一个重要的节气。”

“看！外面雨停了！”弟弟喊我们看。

这场雨真是来得快去得快呀！

雨过天晴，我们在花园里一起吃了立夏饭。在江南，立夏有“尝三新”的饮食风俗。

外祖父说：“各地特产和饮食习惯不太一样，‘尝三新’有些地方指的是麦子、樱桃和梅子，有的是竹笋、苋菜和蚕豆，还有的是海蛳、银鱼和鲥鱼……总之是新下来的食材。”

“对嘛，有好吃的就好。”说完，我把一颗炸蚕豆放到嘴里，又酥又香，嘎嘣脆。

外祖父和父亲他们还喝了新麦酿出的烧酒。

上午刚下过的雨好像很有威力：花草繁盛了许多，树上的叶子也焕发了新的光彩，和上午时都不太一样了。我忽然理解了白居易的诗句，“春尽杂英歇，夏初芳草深”。原来，在不知不觉间，夏天早已做好了登场的准备，只等着被我们发现呢！

我们来到一块宽敞的空地上，看见地上放着一杆很大的秤。

“称人喽！”清烁哥哥呼喊着。

我和弟弟妹妹都一头雾水，不知道这是要做什么。这时候“司秤人”舅父走了过来给我们讲解：“立夏称人是江南习俗。立夏称一次体重，到了立秋再称一次，看看经过一个夏天有没有长胖！”

原来是这样啊，接着我也跳进了筐里。我们每个孩子都轮番称了自己的体重。大人还说，立夏称人是人们祈求好运的一种习俗。

古式杆秤

古式杆秤是根据杠杆原理制成的，主要分为秤杆、秤砣和秤盘或吊钩三部分。通常有秤盘或吊钩，用来固定被称物。秤杆上有“秤星”，即刻度。称重时，根据被称物的轻重，移动挂着秤砣的秤绳，达到平衡时秤绳对准的秤星就是被称物的重量。

斗蛋

侍女端来了一盘咸鸭蛋放在石桌上。大家凑过去一看，盘里的蛋都被“化妆”了，五彩缤纷的，真好看。

外祖母说：“鸭蛋圆溜溜，立夏吃一颗，生活圆满不犯愁。”

“哈哈……”大家都开心地笑起来，这些小小的咸鸭蛋有着美好的寓意呢。

清烁哥哥拿起一枚咸鸭蛋说：“我们一起来玩斗蛋吧！”

我们大呼小叫起来。具体比法是：每个人选一枚，然后两人一组比赛。比赛的双方握住自己手里的鸭蛋，用蛋尖对蛋尖，用蛋尾对蛋尾，相互碰撞，斗破壳的为输，输了的就吃掉蛋。最后赢了的鸭蛋就是蛋王。

“好玩儿！”弟弟欢呼雀跃，选了一枚大个儿的鸭蛋。

比赛开始了，我和清烁哥哥比，弟弟和妹妹比。

两场比赛下来，我和妹妹都输了，我们吃掉了手里的蛋。

一旁的舅娘说："立夏吃了蛋，热天不疰（zhù）夏。"

大人们聊着天说道，江南地区夏季湿热，吃饭容易没胃口，疲惫困倦，身体不大舒服的状态就叫"疰夏"，也叫"苦夏"。原来，咸鸭蛋性凉，是夏天的美味佳食。

弟弟妹妹都嚷着还要再玩儿，我们于是又玩了很多局，一直到盘子里的蛋都被吃光了！清烁哥哥的鸭蛋成了今年的"蛋王"。

宝宝成长仪式

一个新生命的诞生总是让人欣喜。为了表达对新生命的重视，在古代，宝宝从出生到周岁，主要会经历诞生礼、三朝礼、满月礼、百日礼和周岁礼这五个仪式。

在古代有些地区，孩子出生后，大人们会在家门口悬挂饰物，如果生的是男孩，会挂一把弓，如果是女孩，则挂女子佩戴的佩巾。在服饰上也会有很明显的区分，给男孩的服饰上常有“五子登科”“连生贵子”这些字样，表达了大人对他们光宗耀祖、建功立业的希望。

小孩出生三天后家里会举行“三朝礼”，其中最主要的一项是洗浴仪式，叫“洗三”，也叫“洗三朝”“洗儿”等。小孩被放到洗澡水里，亲友们拿钱币，或是枣、栗子、莲子等喜果往澡盆里投，负责洗澡的大人会根据亲友所投物品不同，口念不同的吉祥话。

满月礼

小孩出生满一个月时举行的仪式很隆重，包括很多项：

满月酒。孩子的父母设宴邀请亲朋好友，亲友们会带礼物来道贺。

剃胎发。满月时，为小孩第一次剪理头发，称为剃胎发。

移窠（kē）。在古人的观念里，是不能抱着没满月的婴儿随便走动的，但到了满月时就可以了。这天，通常由母亲抱着宝宝在家中走动走动。

百日礼

小孩出生的第一百天，也是父母们很重视的日子。古时候民间有“穿百家衣”的习俗。百家衣指收集亲朋好友各家的布片，拼合起来给宝宝做成的衣服，人们相信穿了“百家衣”的孩子会得到佛法的保护，能够健康成长。

父母还会给孩子戴上一把“长命锁”，大多是用金、银、玉等材质制成，有着辟灾祛邪、“锁”住生命的寓意。宋时也很流行给儿童佩戴手镯和脚镯，其意义和长命锁接近。

周岁礼

周岁礼最主要的活动是“抓周”，山东等地区有给孩子送花鞋的习俗，孩子的家人会给孩子送来各式各样的花鞋，如虎头鞋、猫头鞋、猪头鞋等样式，祝愿孩子早日学会走路。

热闹的抓周仪式

大舅舅家的清远弟弟满周岁了，家里人提早就开始操持他的抓周礼。外祖父、外祖母、母亲都给他准备了贵重的礼物，舅母提早给他制作了一套精致的新衣服。到了抓周礼的这天，厅堂里布置得很喜庆，烧香燃烛。地上铺了一张红毯子，上面摆着许多样小物件，有弓箭、纸、笔、印章、钱币和玩具等。这个场面我是见过的，抓周礼是很流行的民间风俗，大人们会在当天摆放上这几样东西，让孩子来抓，好预测孩子以后的命运。

我问母亲：“您还记得我们兄妹三人过周岁时抓了什么东西吗？”

母亲果然记得：“你抓了一支笔，弟弟抓了一把弓。”

“那我抓的什么呀？”妹妹问道。

“给女孩准备的物品和男孩的不一样，女孩的有刀子、尺子、针、金线、美食、珍宝这些东西。”母亲开心地说，“你抓住了一缕金线哦！”

“抓周”的每样物品有什么寓意？

在古人的观念里，孩子“抓周”时抓的物品预示着长大以后的职业和运势。男孩抓了印章，表示以后可能官运亨通；抓了笔砚，表示学业有成；抓了算盘，则表示长大以后善于经商。女孩抓了缝纫用具或炊具，则表示心灵手巧、善于操持家务；抓了金线、珠宝等，则表示生活富裕。

在我们闲聊间，舅娘把清远弟弟放到摆放着的那些小物件面前。

“远儿，去拿你喜欢的东西吧。”舅父说。

清远弟弟咯咯咯地笑，拍着小手，却不着急抓。他盯着那些东西爬了一圈，逗得大家都哈哈大笑。接着，他在算盘旁边停了下来，伸长了手，最后却拿了旁边的一串钱币。

大家都被逗笑了，舅父更是喜笑颜开，说：“远儿以后有享不尽的荣华富贵！”

“抓周”的预测准吗？

关于“抓周”最早的记录是南北朝时期，当时主要在江南地区流行。唐宋以后，全国各地逐渐盛行。古人有原始的征兆观念，相信人类社会的吉凶祸福在发生之前是有征兆的，抓周正是这种预卜信仰的表现。抓周的习俗流传下来，到了现在，人们把它当成周岁生日礼上的助兴游戏，摆放的物品体现了父母对孩子的美好期望，孩子抓取什么物品都是偶然的，与以后的命运并没有直接联系。

浴佛节的来历

宋代对佛教的重视

北宋时，宋太祖赵匡胤改变了前朝周世宗禁止佛教传播的做法，采取诸多发展佛教的措施，如保护寺院，翻译、刊刻佛经，鼓励僧人前往西域等。宋时也兴建了多座佛塔，宫中、民间普遍流行佛教的习俗。到南宋时，中国佛教涌现出一批杰出的高僧大德。

以前在东京的时候，父母每年在浴佛节这天都会去大相国寺拜佛，今年虽在江南，他们也要保持这个习俗。

我很想听浴佛节的来历，而母亲往年总以我年龄太小的缘故没有给我讲。今年浴佛节的前一晚，我又央求她：“娘，就给我讲讲浴佛节的故事嘛！”

母亲同意了，我坐在她的脚边，静静地听着。母亲说：“农历四月初八是释迦牟尼佛祖的降生日，他落地便会站立、走路。”

我感到神奇，但又不知该说些什么，“啊”的一声从喉咙里冲出来。

母亲继续讲道：“当时大地震动，山峦摇摆，天上散花，九龙吐出香水，从他的头顶喷洒而下，洗净了他的身体。”

“啊！惊天动地。”我再次惊叹。

“所以，后来人们就用举行浴佛斋会的方式来纪念佛祖诞生。这一天就叫浴佛节，也叫佛诞节。”

舍豆结缘

黄豆、青豆的形状是圆圆的，与“缘”谐音，佛教信徒们便有以“圆”求“缘”的习俗。古代，在浴佛节这天，僧人把豆煮熟并撒些盐，给过路人取食，表示结善缘。有人会把熟豆带到寺院的笸箩里，在去寺院的途中，有的妇女挎着香袋，挨家索要“缘豆”。还有的达官贵人，会把煮熟的豆放在家门口，由过路人取食，称作“吃缘豆”。

香水浴佛

农历四月初八这天，父亲和母亲许可我一同去寺院，弟弟妹妹因为年纪还小，没有同去。

我们都穿着素色的衣裳，母亲和随从侍女都没有化妆。母亲说这样是对佛祖以及僧人的尊敬。我紧张地问母亲：“娘，我到了寺院还需要注意些什么呢？”

母亲启发我说：“保持一颗聆听的心，去寺庙拜佛的人都是佛祖的信徒，你只需留意其他人都是什么样的行为举止即可。”

当我们来到寺院门口时，看见来参加斋会的人可真多呀！我们先去诵经、拜佛焚香，父亲将带来的供养交给僧人，祈求佛祖保佑。

烧香后，我们来到一个周围布满香花灯烛的池子前。

一尊释迦牟尼的铜像立在位于池子中央的莲花宝座上。香客们依次用小勺舀起池中用鲜花、药草、净水煮制而成的香药糖水，即浴佛水淋佛。僧人们还将浴佛水送给来参加斋会的香客们喝。我也喝了一小碗，听说饮用淋过佛的水，可以祛病除魔。

乌米饭

在浴佛节期间，江南地区的人们用乌柏树的叶子浸泡糯米蒸熟，称为“乌米饭”或“乌饭”。原来它是用来敬佛的供品，后来渐渐演变成人们吃的节日食物。

我铭记着母亲的话，用心地观察别人。在寺院里行走时，我发现人们都沉稳地迈着步子，没有跑跳的，也没有大声喧哗的，人们偶尔说话时都轻声细语的。寺院里的花草繁盛，我虽然好奇，但是未见其他人去触摸，我也没有去玩赏花。因为我想用虔诚的心，为家人祈福。

夏至的天气

过完浴佛节，我们就回东京了。东京的气温渐渐地升高了。

夏至这天，父亲在家休息。朝廷历来就有夏至休养、少劳作的习俗，皇帝体恤百官，还特意把假期延长至三天。我和弟弟陪着父亲到凉亭里乘凉、喝茶。池塘里的荷花送来阵阵清香，树上的夏蝉“吱——吱——吱——”地鸣叫着。弟弟已经兴致勃勃地去捉蝉了，不一会儿就已是汗水涔涔的了。

父亲说：“夏至到了，天气越来越热了。”

“夏至？为什么今天是夏至呢？怎么判断呢？”弟弟来了兴致，抓着父亲问起来。

父亲给我们讲：“很久以前，人们在田里种地时观察到，昼夜的长短，正午时太阳的高度，还有太阳投影的方向，都是不断地变化的。于是，他们发明了一种装置——圭表。圭表由两个部分组成，一个叫木表，用来观测阳光投射的竿影，另一个水平放在地上的标尺叫圭，用来测量影子的长度。经过反复测试，人们终于弄清楚了规律，正午时影子最短的那天即夏至，影子最长的那天即冬至。”

“懂了！从今天开始，我要‘立杆观影’。”弟弟一边说一边跑去准备了。

香漏

计时工具一般有圭表，漏刻等，这些工具无论从制造上，还是从使用上，都是不适合在民间使用的，因此在古代民间，出现了一些简易便捷的计时工具，虽然精度上比不了官方的，但是在民间还是较为普遍的。其中民间的计时工具之一，就是香漏了。宋朝有百刻香，一条香可以燃烧记录一个昼夜。

表
圭

赶走炎热的美食

我家一年四季常吃索饼（面条），做法有很多，大体上，冬天吃热汤的，夏天吃冷淘的。按我母亲的说法，夏至这天吃面，寓意长长久久，而且这时候的小麦是新下来的，我们也要尝尝鲜。

这个季节的槐叶是鲜嫩的，捣成汁，和新小麦粉混合在一起和面，把面团擀薄，再切成面条，在沸水里煮熟，捞到冷水里过一遍，捞出。这就做成了我家夏至这天的午餐——槐叶冷淘。

骄阳似火，鲜嫩的绿色让我们躁热的心情平静下来。挑起一根面条放到嘴里咀嚼，立即尝到了槐叶的丝丝清甜，吃到肚子里，解了一大半儿的暑热。

古人过夏

在宋朝，想吃冷饮和甜品很方便，入夏以后街市上有很多茶肆，还有一些小贩沿街行走叫卖，除了茶水外，冷饮和甜品的种类五花八门：绿豆甘草冰雪凉水、冰雪冷元子、沉香水、生腌水木瓜、水晶皂儿、荔枝膏……

古人是如何在盛夏时节获得冰块的？

我国古代，夏日食冰的习俗至少从周朝就开始了。古代没有电冰箱，没有造冰的机器，那冰从哪儿来呢？是从结冰的河面上凿下来的。寒冬时节，冰冻三尺的时候，人们把冰凿下来，藏到冰窖里。等到第二年夏天取出，冰块几乎还没化，可以用来降温、制作冷饮。古人用的冰，看起来晶莹剔透，但融化后也会有些泥沙和微生物，食用会有腹泻的风险。因为储存冰块不容易，所以在唐代以前，在炎炎夏日里能享用到冷饮的人不多，皇帝会在三伏天颁冰给王公贵族。宋代以后，夏季食冰就越来越普遍了，寻常百姓也可以享受各种冰制品。

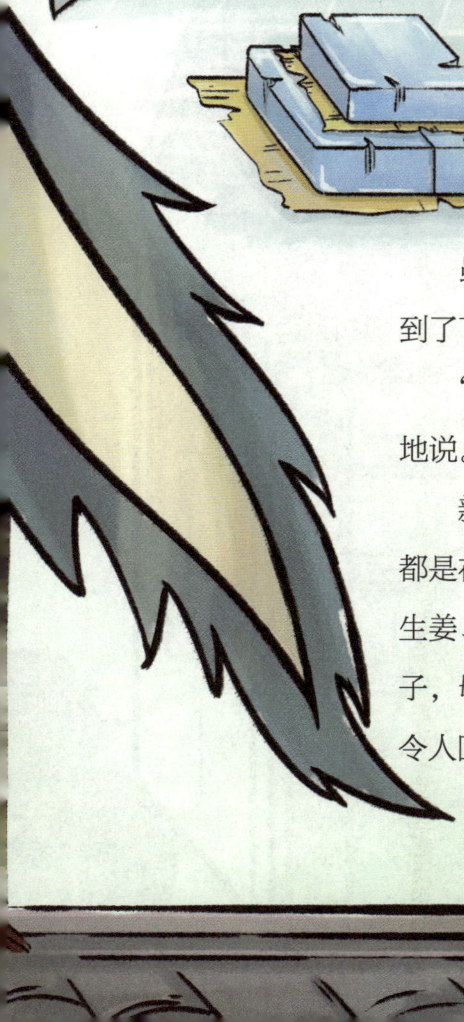

虽然暑热难耐，但是我们能享受这夏日里的凉品呢。到了下午茶时间，来福喊我们去街市吃甜品。

“有荔枝膏！”弟弟见到那杯红彤彤的美味开心地说。

新鲜的荔枝很珍贵，但不好保存，我们吃的荔枝肉都是在锅里煮熟后保存下来的。煮的时候还会加些乌梅、生姜、蜂蜜等，融合了荔枝的清甜。今天是个特殊的日子，母亲特许我们在荔枝膏里放了冰块，别有风味，令人回味无穷。

我们兄妹三人各吃了一杯，心满意足！

端午节的来历

宋朝人很重视端午节，京城从五月初一开始就有鼓扇百索市，售卖各种节日用的物品。来福和翠莲陆续去采购了不少样东西回来，母亲在花瓶中插花，有石榴花、蜀葵、艾草等，家中庭院也增添了一些盆栽。

到了端午节这天早晨，仆人们在屋里贴上了五毒图，大门上贴上了桃符，并钉着用艾草做成的草人。门楣上挂着一个大大的百索，门口地上摆上桃枝、柳枝、葵花、蒲叶等好多样植物枝叶。来福还带着大家用雄黄酒泼洒了墙壁、门窗。

每当我问这些东西是做什么用处时，大人们总是告诉我是驱毒的、避害的。“毒？害？”听来很厉害、很神秘的样子，我很想知道它们背后的传说，于是缠着父亲询问。

五毒

“我们，还有比我们早的先民，害怕的毒害是什么呢？”

父亲说，从先秦时起，人们认为农历五月是“恶月”。这个月开始天气变得很热，雨水渐多，细菌滋长，蛇、蝎子、蜈蚣、蟾蜍和壁虎合称五毒，遍地丛生，这样的环境人很容易染病，而且会影响到庄稼的生长。所以，人们在五月里办节庆是为了转“恶”为安。

“那为什么选定初五这天呢？”

父亲又耐心地告诉我，一、三、五、七、九这几个数字是阳数，而“五”刚好是居中的那个数，午时（11时～13时）是一天中太阳高度最高、阳气最旺的时候，所以，端午的正时是午月午日午时。这一天也被叫作“天中节”“端阳节”。

“可是，为什么说端午节是为了纪念屈原呢？”

父亲说，屈原是战国时期楚国的爱国诗人、政治家，却被奸臣所害，在农历五月初五这天投河自尽了。人们往河里投粽子悼念他，这个习俗流传下来，渐渐地就与端午节联系起来了。关于粽子的传说，人们还认为是先秦的人们在夏至祭祀的时候，为了保护耕牛，发明了粽子代替牛角，避免宰杀耕牛。

一番刨根问底过后，我终于明白了，总结道：“所以，五毒、夏至、屈原、粽子都和端午节有关联。”

父亲很欣慰地夸赞我：“你理解得很好！关于端午节的来历可能还不止这些，毕竟中华文明的历史悠久，节日被赋予了丰厚的内涵。”

香气缭绕的配饰

端午节这天早晨，母亲给我和弟弟的手腕上戴上用五色彩线编织的百索，脖子上挂上了从大相国寺烧香求来的符牌，随身佩戴的还有漂亮的小香囊。这香囊里含有多味药材，比如藿香、薄荷、八角、茴香等。

“我的呢？”妹妹着急地问。

“等会儿你和我去泡兰汤浴，之后再戴这些。兰汤浴是端午节女孩子的传统节目，你两个哥哥就不必了，洗浴的药材我早准备好了。”说罢，母亲拉着妹妹去洗浴了。她们回来时，换了一身轻薄的新衣裳，身上散发着几种草药的味道，很好闻。

母亲的头上佩戴了五彩缯帛剪成的钗头符。

茴香

藿香

洗兰汤浴

十分重视身体保健的古人，到了五月初五会洗兰汤浴。古人认为这样可以起到解暑、杀菌的作用，尤其是对皮肤有益。兰汤是用菊科泽兰属的佩兰煎水制成的，佩兰本是一种散发香味的兰草，因其常被人们放入香囊中随身佩戴而得名。因野生的佩兰较少，人们也会加入艾草、菖蒲、柏叶等药材配成中药包放入水中沐浴。

薄荷

“娘好美呀！”妹妹称赞着母亲，伸出自己的小胳膊说，“我的也好看。”

妹妹佩戴的百索，五彩线上穿着几颗晶莹的珍珠，很是精巧别致。

母亲连忙夸赞她：“你的最好看了！”母亲还在父亲的头上插了朵花。男子簪花可流行了。

端午节簪什么花？

宋代人把簪花视为时尚，文人士大夫还把簪花当成精神追求的象征。宋代簪花者不分性别，男子簪花很普遍。农历五月石榴花盛放，火红的石榴花得到人们的喜爱。《水浒传》里的阮小五——“斜戴着一顶破头巾，鬓边插朵石榴花”。到了明清两代，端午节称为“女儿节”，小姑娘们会在头上簪戴石榴花。

巧画扇

端午前，女孩子会制作小扇子，绘上花卉等图案，到了端午这天跟自己的小姐妹互赠扇子。

粽子宴

中午，我们去大伯家吃家宴，端午佳节走亲会友也是我们的一大习俗。到了大伯家，母亲送给伯母几把精巧的团扇，伯母也送给母亲一些上好香料调配的香囊。

这顿宴席的菜肴很丰盛，肉食、香糖果子、菜蔬等好多样儿，不过，今天的主角当然是粽子。大伯让厨房准备了很多种，有筒粽、角粽、锥粽，还有九子粽。馅料也各不同，有肉的，有咸蛋黄的，有蔗糖的，有红枣的，有蜜饯的……

粽子种类太丰富啦，我都不知道选哪个好了，每一个看起来都很诱人。我先拿了一个角粽。解开缠在粽子上的丝线，然后把竹叶剥去，就闻到了清香的味道。品尝了几口软糯的糯米后，我吃到了这枚粽子的精华——蜜饯。嘻嘻，我在心里笑出了声，我最喜欢蜜饯香甜的味道了，再混合着糯米，口感和味道都绝佳。父亲和大伯，还有两位堂哥都斟上了菖蒲酒。菖蒲是一种水边的植物，有香味儿，把它的根或者种子磨粉泡进酒里，就成了佳酿。大堂哥和二堂哥各取一个粽子，解开粽叶后并排放在桌上。

“哈哈，我的长一些，哥哥喝酒。”二堂哥对大堂哥说。

这个游戏叫作“解粽”，通过比较粽叶的长短来赌酒。他们兄弟二人就这样喝了几杯，很尽兴。

不同种类的粽子

因地区的不同，粽子的材料、粽叶及味道，都有很大区别。

咸粽：南方人多食咸粽，人们在米中掺入腌制肉，包裹成“杂粽”馈赠亲友。宋元时期，出现了蛋黄粽、猪肉粽等新品种。到了清朝，出现了火腿粽子。

甜粽：北方人多食甜粽，人们将红枣、板栗、红豆裹入粽子里。到了宋代，人们将腌制后的金橘、青梅等果品当馅料，称为蜜饯粽子，苏东坡就写过“时于粽里见杨梅”的诗句。

团扇和折扇

从隋唐时期便开始流行的团扇，到了宋代又有发展，人们很重视团扇上的书画创作，也有互赠团扇的习俗。张择端的《清明上河图》中有多个手执团扇的百姓，可见团扇的普及程度很高。与团扇的样子有很大区别的折扇在这时期也登场了，折扇可折叠、便于携带，有着“怀袖雅物”的美名。

端午赛龙舟

吃过饭，我们去汴河边看赛龙舟。人头攒动，好似满城的人都出来了似的，我们好不容易才找到了个合适位置观看。

河面上，泊着几艘制成龙形的船，身材壮实的龙舟手们坐在船里蓄势待发。在紧张的鼓乐声中，他们开始了精彩紧张的比赛。岸上、桥上观看的人们纷纷喝彩加油。

母亲说，人们为了纪念屈原，用舟送他灵魂归葬，后来渐渐地演变成赛龙舟。赛龙舟活动主要在南方举行，北方近湖海城市也有这一习俗。

游园斗草

京城里有很多皇家园林是定期面向百姓开放的。到了端午节这天，大家都放假休息，逛园林的人就更多了。

看完赛龙舟，我们又和母亲一起去游园了，在那里我可以和我的小伙伴们去斗草。斗草玩法很简单，一人揪一根草，两人把草相交结后，各自用力拉扯草茎，像拔河那样，谁的草断了谁就输了。这种玩法是“武斗”，还有一种是“文斗”，那就是要以对仗的形式对花草的名字。比如，要是一方说“君子竹”，另一方用“美人蕉”对上，就算赢了。

斗百草

在魏晋南北朝时期，人们就有在端午节这天去踩踏百草、采集草药的习惯，人们把采集回来的草药熬制成药汁，或者泡酒，后来逐渐演变成民间流行的斗草游戏。

农家的样子

过完夏至，天气更热了。父亲因为公务要去京城郊外的田园走一趟，我还没有去过，便央求他带我去。凹凸不平的土路不好走，我坐在牛车上感到很颠簸。有时我探出头看外边，郊外的河流、溪水有很多，沿河栽种的柳树守护着河堤。河面上时而出现木板桥、石板桥，给需要过河的人提供方便。

终于，我们到地方了。几户人家掩映在稀疏树林里，家家的门口都有散养着的鸡。房子的不远处是大片大片的庄稼地，京城里卖的本地产的粮食、蔬菜大多出自这里。

父亲把我托付给一个农户家的儿子小瓦，便忙自己的公务去了。小瓦看起来比我大三四岁，穿着一件背心和一条短裤，脚上穿着麻鞋，虽然头上戴着草帽，但是脸蛋还是被晒得黝黑黝黑的。

“给你，戴上吧。”小瓦递给我一顶草帽。戴着它，正好我可以跟着他四处转转。

多样的粮食作物

面食是我们餐桌上的常客，可我还没见过长在地里的小麦是什么样呢！

小瓦带我来到麦田，夏至前后正是麦子丰收的时候，远远望去，成排成行的麦子给田野铺上了金色的地毯，农人们正在弯腰割着麦秆，好一派热闹的景象。摘下一把麦粒，去掉皮放在嘴里咀嚼，清新的麦香夹杂着一股生涩味在嘴里散开，也是别有一番滋味。

小瓦告诉我，这是去年秋天种下的冬小麦，到了夏至前后就会成熟了，他们一家人都忙着收割呢。而当年春季种下的春小麦生长期较短，到秋天就能收割了。如果年头好，两茬小麦都丰收，家里的日子就会宽裕不少。

我们走向另一片田埂。翠绿的植株上都挂着豆荚，就像一个个长条的小口袋。小瓦告诉我，这就是没有成熟的豆。豆子总是变着戏法出现在餐桌上，如豆腐、豆芽、豆皮、豆浆……这回，我终于看见它们在田里的“真面目”了。

宋代丰富的主食

宋代人很喜欢吃面食，有些和今天的非常接近，但是叫法不一样，如果一个现代人回到了宋朝，十之八九会弄混。

宋代的主食有不少叫“饼”的：蒸的叫“炊饼”，类似于今天的馒头；烤的叫“烧饼”；煮出来的呢，就叫“汤饼”，类似于今天的面片或者刀削面，还有叫“索饼”的，就是长长的面条。

还有一些带馅料的：当时叫“馒头”的，其实是今天的包子，里面有少量的馅儿；当时还有叫“包儿”的，其实和当时的馒头很类似，两者的主要区别是包儿的馅儿量更多，而且馅料丰富，不一定是肉、菜，和今天的包子很接近；当时还有叫“兜子”的，馅儿露在外面；当时还有“角子”，形态类似于今天的饺子，但并不是过节时才吃。

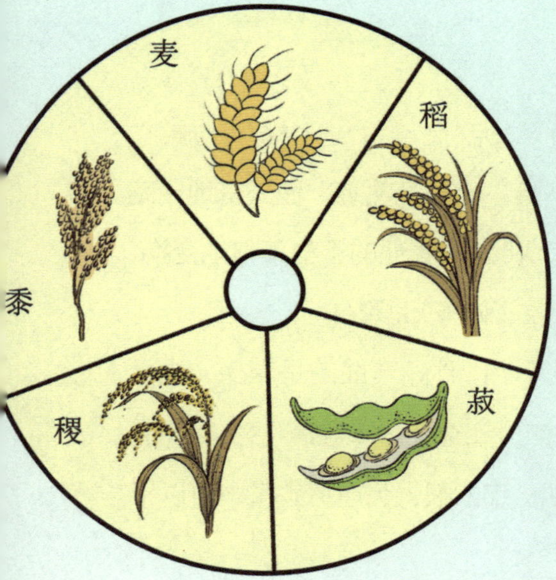

“你知道吗，中国种豆的历史很悠久，至少三国时期的人们已经在煮食豆子了。”我想起来一句三国时诗人曹植的诗句“煮豆燃豆萁，豆在釜（fǔ）中泣”。

小瓦说：“我从爷爷那里听到过，老祖宗很早就在黄河边种粟和黍了呢。你看，我家也种了一大片粟。”

我顺着小瓦的手势看去，那边还有着大片大片的禾苗。“你家种的粮食种类真多啊！”

“靠天吃饭嘛，我爹爹说，担心一种粮食的收成不好，就多种几样吧。可惜我们这里种不了水稻，那是南方的水田才能种的。”

“是啊，我们吃的稻米都是从江南运过来的，我外祖父家就在江南，我见过稻田。”我说。

小瓦走得很快，我加快了脚步跟上去。

五谷的历史地位

今天人们提到的五谷，往往泛指粮食，而在古代它却有着明确所指。它们就是稻、黍、稷、麦、菽。黍和稷是先秦时期先民们的重要主食。黍，今称为大黄米，蒸熟的黍米黏黏的，口感不错。稷，又称粟，北方也称为谷子，是谷神之意，就是我们现在说的小米。菽，在古代泛指大豆类，其中常见的是黄豆。中国是大豆的唯一起源地，在先秦时期人们也曾把黄豆当成主食，蒸熟的黄豆口感不好，也不容易消化。从汉代以后，人们不再以大豆为主食，而是制成各种豆制品。我们熟悉的小麦，其实是个“舶来品”，大约四千多年前才从西亚传入我国的。起先，人们直接蒸熟吃不太好吃，没有普及。到了宋代，人们会使用小麦磨成面粉了，这才制作出各种各样的面食，成为餐桌上的主角。

稻，自古就是江南地区的农作物，籽实叫作稻米、大米。我国从很早以前就开始种植水稻了。宋代时从越南引进的占城稻，在南方可以一年两熟，甚至三熟，大大提高了粮食产量，成为人们最主要的主食之一。

厉害的农用工具

小瓦说他从很小就跟着父亲下田干农活了，从犁地、播种到施肥、灌溉，每一个环节都要学会。对于工具，他更是熟悉。他兴奋地比画着，给我介绍那一个个铁制的“大家伙”。随着他的手势不停地变换，我的头脑也在迅速地反应，一下子吸收了好多知识呀！

“你看这个，它叫曲辕犁，有很多个部件，弯曲的是辕头，上面有可以转动的犁盘。用它耕地、翻土，很灵活方便。那个是耧（lóu）车，播种时用来开沟的，可以用牛引，也可以由人引着。这个是耙，那四根大齿可厉害了，可以平整土地。这种长柄大头的铁弯锄，我爹爹说很好使。那个短柄弯弯头的叫镰刀，用它割麦子，特别锋利，要小心点儿。”

犁的历史变化

汉代有了长直辕犁，缺点是耕地时回头转弯不够灵活，起土费力，效率不高。唐代出现了长曲辕犁，改进了汉代犁的不足，标志着我国耕作农具的成熟。宋元以后，耕犁的样式更加多样化，各地创造出了很多新式的耕犁。

这时，田间的两个人吸引了我的目光。

“他们使用的是翻车，吸水灌田的工具。”小瓦告诉我。

“好厉害！”这是我说得最多的一句话了，每一件农具都有着它自己的功能，让我由衷地发出赞叹。

满园蔬菜

我们又来到了苗圃看蔬菜。看得出来，菜农对于蔬菜种植区域的安排都很巧妙。

这边一大片都是瓜类：黄瓜的秧子爬满架，有些结出了顶花带刺的长黄瓜，还有些刚长出袖珍的小瓜纽；外表粗壮的瓠瓜；“大肚子”的葫芦；紫嘟嘟的茄子；浓密挺拔的芹菜；顶着绿缨的萝卜……哇，这里的蔬菜真是丰富多样啊！

“咦，这么多蔬菜，我怎么没见到大白菜呢？”

小瓦说：“还没到时间呢。等这茬菜收了，我们就开始种了。还有，茄子秧拔掉以后就可以种上菠菜了。”

在宋朝吃不到哪些蔬菜呢？

宋朝的蔬菜种类已经很丰富了，但有一些外来物种是在宋朝以后才传入中国的，像土豆、辣椒、西红柿、洋葱、南瓜等。所以，像是清炒土豆丝、辣子鸡丁、鸡蛋炒西红柿等这些咱们现代人常吃的菜，宋朝人是吃不到的。还有豆角，在宋朝时有豌豆角和豇豆角，但没有菜豆角、芸豆角，所以宋朝人的餐桌上可能会出现蒜蓉豇豆角、清煮豌豆角，但今天东北地区流行的排骨炖豆角是不会出现的。

难怪呢，我对蔬菜的时令不够熟悉。我只知道冬天囤白菜，菠菜是在唐朝时候传入中国的，至于什么季节种的还真不了解。这真是生活处处皆学问啊！

“现在有夏菘（小白菜）了。”小瓦又带我去看了夏菘，白色的帮儿，绿色的叶儿，不大的一棵。有了夏菘，我们在夏天也能吃到不一样的“白菜”啦。

南方主要吃什么蔬菜？

那些在东京可以种的蔬菜，南方也大都可以种。当然，南方炎热多雨的气候和河湖遍布的土地也造就了当地的特色菜。头一个要提的就是——笋。唐宋以来，文人雅客们极其推崇吃笋，认为“笋”颇有祥意。南方多竹，自然也多笋，苏轼留下诗句“无肉令人瘦，无竹令人俗”。宋朝还出版了世界上第一本有关笋的专著《笋谱》。除了笋，茭白、藕、芋头、芜菁、山药这些根茎类蔬菜也是江南特色。江南的人们还喜欢采摘一些野菜，如荠菜、青蒿、蕨菜和莼菜。

小暑晒太阳

进入小暑后，天气热得像是有一条条火龙在飞。六月初六这天，家家户户都会“晒伏”：把存放在箱柜里的衣服、书籍，都搬到外面太阳底下去晒晒，这样可以去潮湿，防霉防蛀。

至于为什么会有这个习俗，大人告诉我们背后的故事。古人在六月初六这天，还要去寺庙烧香祈福。相传宋真宗时期，有一年六月初六，皇帝声称上天赐给他一本天书，于是就把那一天定为天贶（kuàng）节，“贶”是赏赐的意思。

读书看报

父亲告诉我，在印刷术没有发明之前，书籍都是靠手抄，数量不多，人们读书都很奢侈。而到了唐宋，由于雕版印刷发展得不错，普通人都可以看印刷好的书籍了。

我父亲是个书迷，读书涉猎广泛，家里书山似海。经史子集等经典书籍自不必说，地理、医学、文学等各类书籍都有不少。

还有一些给我们兄妹看的书籍，诸如《千字文》《百家姓》等，母亲还给妹妹准备了《女诫》《蒙求》《孝经》等启蒙书。

除此之外，我们家有各种报纸，父亲看的是官方的邸报，有着严格的审批、编发流程，仅在官僚机构内部流行，百姓是看不到的。内容主要有皇帝的命令和动向，法令公报、官员任免等，而边防驻军的战报情况、自然灾害、凶杀案件方面的事是不能登报的。母亲有时候打发时间会看一种民间“小报”，百姓在街上就可以买到。这种“小报”刊登一些从各种渠道，如各个官署内部打探到的消息，比如皇帝诏谕、官员升黜之类的时政消息，还有民间的一些奇闻逸事或小道消息，很是博人眼球，但消息未经核实，不足以全信。

书籍的样子

父亲有很多书，这些书的外观各不相同，父亲说这是因为它们的装帧方式不同，就拿父亲书房里的书来说：有的是卷轴装，文字写在纸张或者绢帛上，再粘贴到一个卷轴上，卷轴很长很长，看起来不太方便。类似这种装帧的还有一些是旋风装、经折装的书籍。

父亲的书房里有很多蝴蝶装的书，这是宋时的主打装帧形式。它不用线订，而是用糨糊粘书背，用坚硬的纸做书衣，书口在下，展开就像蝴蝶展翅，很优美。不过，这种书也有缺点，因为单面印刷，有字的一面油墨容易粘连。我们看的雕版书延续了唐朝时使用的字体，一般是楷书。负责书写的人会模仿唐朝楷书书法家的字迹，比如欧阳询的欧体、颜真卿的颜体、柳公权的柳体。

中国最早的书籍是什么时候出现的？

简策是我国最早的书籍形式，人们将文字写在竹木片上，然后串联成册。中国先秦时期的古籍，就是通过简策流传下来的。汉代时，纸质书籍出现了，但产量有限，并未大规模应用。直到晋代，纸质书籍才逐渐地完全取代了简策。

繁荣的刻书业

在宋朝，刻版图书出版主要有三种形式：官府印刻、书坊印刻和私人印刻。

这时期的坊刻非常繁荣，全国各地设立了很多书坊，既可以编辑图书，也能刻印、出版和售卖图书。平时，我们如果想买书，就可以去街上找书坊附属的铺子，这种铺子通常是前面卖书，后面做书。对了，我们还可以去大相国寺，那儿的集市上有很多二手书出售。

雕版印刷

唐代出现了雕版印刷术，是世界上最早的印刷术，到了唐朝中后期才开始普及。到了宋代，雕版印刷技术得到了进一步发展、改良，达到了鼎盛。虽然这时候有一位叫毕昇（shēng）的人发明了胶泥活字印刷术，但是受限于一些原因在宋代并没有发展起来，宋时的书籍仍以雕版印刷为主。

雕版印刷的步骤是：首先要选择木材，将木材锯成书的大小，放到水里浸泡一个月左右，再经过抛光、阴干、涂油等一系列处理，制成了版片。然后在纸上写样，写好后贴到版片上，进行刊刻。最后，在刻好的版片上涂上墨，把纸张紧紧地贴在上面再揭下，就印好了一页。这样的印刷方式相对于手抄本，速度要快得多。

衣服的样式

六月初六这天，不只晒书，母亲还安排家里的侍女们把全家的衣服拿到庭院里晾晒。妹妹对服饰打扮相当感兴趣，看着大家忙忙碌碌地搬衣服，更是按捺不住好奇，拉着我带她去凑热闹。

“这么多衣服啊！”到了院里，妹妹惊叹道。

父亲的衣服挂了一大排，他的官服分为朝服和常服。朝服是参加朝廷的重要活动，比如祭祀、庆典时穿的礼服，常服是日常上朝、办公时穿的便服，也称为公服。妹妹跑到一件常服前站住，仔细地看起来，宽大的衣服和她细小的身形对比鲜明。“哈哈！”我笑出了声，“这件衣服的袖子可以装得下两个你！”

父亲穿常服时，头戴两角伸开的幞（fú）头，脚蹬乌皮靴，身穿圆领大袖的长袍，腰系銙带。由于长袍的袖子过于宽大，为了避免衣袖拖地，他会把双手交叉在胸前，而不是垂下来。

平时在家，父亲都是穿常服的。妹妹见侍女们在晾母亲的衣服，便被丰富的样式和颜色吸引住了。不同款式的褙（bèi）子、裙子，各式各样，颜色丰富，青、碧、绿、蓝、白……上面多有彩色的纹样。妹妹入迷地看着一条裙子，这种裙子有很多连续的褶，母亲告诉她，那是百褶裙。作为官员士大夫的妻子，母亲也有礼服，衣服等级是根据父亲的品级来划分的，在重要的场合，比如接受册封、跟从皇后行亲蚕礼时会穿着礼服。侍女们最后挂出来的是我们三兄妹的衣服。我们小孩的衣服款式可多啦，有对襟长衫和对襟短衫，还有无袖短衫（也就是背心）。天气凉时，我们会在长衫外面围着腹围，保护肚子不受寒。

“这个，料子好少！”妹妹扯住一件小衣服说。

我看过去：“那不是你小哥的肚兜嘛！”

侍女翠莲说：“这些都是去年的衣服，大娘子吩咐今夏又给各位哥、姐添新衣了呢。”

“好呀好呀，又有新衣服穿喽！”妹妹拍手蹦跳着。

女子的冠

宋代女子流行戴冠，冠的名目和形制有很多，常见的有反冠、珠冠、角冠、花冠、团冠等，有等级之分。

凤冠与霞帔是皇后、皇妃、士大夫之妻女的正式冠式。

花冠是最为流行的女子冠饰，花冠是仿照花的形态，用各种丝绸、绢纱照着新鲜花样制成的。

褙子

褙子有长款、短款，长的过膝，短的及腰。前后襟不缝合，而在腋下和背后缀有带子，并不系结，而只是作为装饰。穿褙子时，在腰间用勒帛系住起到固定作用。每当母亲穿起褙子，身形都会显得纤细、瘦弱。在宋朝，男女都可以穿褙子，而且无论什么身份都可以穿，是很流行和普遍的衣服。

衣服的面料

衣服晾好了，侍女们趁着太阳落山前把衣服收回屋了。第二天，侍女们要腾出专门的一天，分门别类地整理衣服，放进不同的衣橱。母亲亲自安排指点。妹妹又拉着我跟她去看热闹。

妹妹指了指母亲的一条提花罗裙说：“娘，我也要。”

母亲宠爱地说：“快啦，新添的衣服就快送来了，给你做了罗裙！”

“太好喽！”妹妹非常开心，又摸了摸母亲的那条裙子，“罗裙就像蝉翼一样。”

“有这么轻啊！”母亲笑笑，接着说，“夏天的衣服确实要用轻薄、透气的料子，像这件衫子，还有那条裤子，还有你身上戴的这个小香囊，都是用罗做的。对了，你们知道哪里出产罗吗？”

“不知道啊！”妹妹倒是答得干脆。

母亲看着我，期待我说出答案。

我想了想说：“当然是江南呀！我们之前去外祖父家，还去喂过蚕宝宝呢。”

母亲点点头，对我的答案很满意。

古代官服的颜色规定

在古代，衣服不是随便穿的，衣服颜色体现着身份等级。唐朝时确立了根据不同官品来穿戴不同色彩服饰的制度，制度规定了黄色是皇帝的专用颜色，黄袍成为皇帝的专利，还形成了黄、紫、红、绿、青、白等颜色的等级序列。自此以后，历朝各代的品色皆需定制。宋朝的公服也体现着尊卑，三品以上为紫色，五品以上为朱色，七品以上为绿色，九品以上为青色。到了宋神宗时，由于改制，公服改为四品以上紫色，六品以上绯色，九品以上绿色。

母亲又给我们介绍了好几种衣服的材质。

在丝绸这个大类里，有一种和罗有些类似，质地轻薄的材料叫纱，据说是因为这种织物的孔眼十分细小，只能通过小小的沙子，因而得名纱（沙）。

还有绫、绢、缎，它们质感细腻、光滑，是很好的制衣材料，官服就是用绫制作的。除了做衣服，绫和绢还用来装裱书画。

锦是上乘的织物，在宋朝，四川、浙江的一些地区出产的彩锦很有名，工艺复杂，十分名贵。

还有一类是从植物中提取纤维制成的布料。其中，麻是宋朝百姓最主要的衣服材料，就像它的名字，质地有点儿粗糙，价格便宜。我在江南时曾看到有妇人坐在家门口绩麻，就是把麻的植株搓成一根根线，再用来纺布。而棉，算是新兴的材料，不太常见。

女孩的成人礼

今天是伯父家大堂姐举行笄（jī）礼的日子。

我们家在三天前收到伯父伯母差人送的请柬，到了行礼前一天，再次收到他们的书信邀请。可见，伯父伯母非常重视大堂姐这个一生中重要的时刻。听母亲说，这是从周代流传下来的女子成年仪式，标志着一个女孩长大成人，可以谈婚论嫁了。大堂姐今年十五岁，去年她许配了人家，今年将要成婚，所以呢，要在成婚前举行笄礼。

这是我头一次参加笄礼，跟在母亲身边，有问不完的问题。

“娘，笄礼的‘笄’就是您束发用的簪子吗？娘，您是今天笄礼的主宾吗？今天会有很多人吗？”

婚嫁

在宋朝，如果女子过了十五岁没有许配婚嫁，最晚不超过二十岁也要行笄礼，只不过仪式会简单一些，不会宴请宾客。

笄礼上的宾客

当我们到达行礼大堂时，伯父伯母已经在门口迎接宾客了，他们见了我们，还行了正规揖礼。

伯母引我父亲和母亲落座于主宾位："请坐这里。今天就多烦劳你们了。"

父亲和母亲入座后，我被引到观礼位就座，还有其他几位亲友。伯父伯母坐在主人位上。

主宾

主宾通常是有身份、有威望的人，要为笄者承担加冠的职责，是笄礼上的关键人物。

笄礼的过程

作为女子一生具有极为重大意义的成年之礼，笄礼有一套烦琐而盛大的流程。全部宾客都入场就座后，仪式开始啦！

（1）开礼

伯父向来宾致词：“今天，小女周娅行成人笄礼，感谢宾朋佳客光临！小女周娅成人笄礼正式开始！请周娅入场拜见各位宾朋！”

（2）笄者就位

今天的主角周娅，在赞者——和她年龄相仿的小姐妹的陪同下走到场地中间，对着来宾行揖礼，而后跪在笄者席上。

（3）初加礼

我母亲作为主宾出场，高声吟诵祝词，接着，她为笄者把头发盘起来。然后，主宾回到原位就座，笄者起身，在赞者的陪伴下回东房。笄者更换了与头上发笄相配套的素衣襦裙，出来向来宾展示。面向父母亲行正规拜礼，感念父母养育之恩。

（4）二加礼

笄者跪地，主宾念祝词后，为笄者簪上发钗。主宾归位，笄者再次回东房，更换了一身曲裾深衣后出来向来宾展示。然后，她向来宾行正规拜礼，表示对师长和前辈的尊敬。

（5）三加礼

主宾念祝词后，为笄者加冠。笄者回东房换了一身大袖华服出来，向来宾展示，行正规拜礼。

(6) 置醴 (lǐ)

主宾为笄者念祝词后，为笄者端上一杯酒，笄者轻轻啜饮，互相行礼。

(7) 字笄者

女孩出生的时候父母会为其取“名”，而她长大后父母还会根据她的个性和对她的期望，为其取“表字”，到了行笄礼时公布。

此时，主宾对笄者说道：“茉莉，今天你已成人，今天你父母为你表字‘茉莉’，希望你个性恬淡，如茉莉一般清新宜人。这是父母对你最好的祝福。”接着，主宾从托盘中取出一枚刻章递给笄者，笄者跪谢，主宾归位。

（8）聆训

笄者跪在父母面前，由父母对其进行教诲。伯父说：“希望小女周娅，以后幸福快乐，勤俭持家。”笄者静心聆听，说：“严父之训，小女谨记。”而后向父母行拜礼，诵读《孝经》。

（9）笄者揖谢

笄者站在场地中央，一一向来宾行礼，受礼者微微点头。

（10）礼成

最后，笄者与父母并列，全体起立。伯父面向全体参礼者宣布：“小女周娅笄礼已成，感谢各位宾朋佳客盛情参与！”

门当户对的婚姻

与堂姐订婚的郎君是京城东边王家的大儿子，今年十八岁，比堂姐长三岁，名叫王图。王图的父亲经商，家中颇有些产业，王图自小耳濡目染，很有经商的头脑，现在协助父亲打理家中生意。这与我伯父家的境况相配，同样是经商人家。堂姐周娅相貌靓丽，女红技艺不俗，而且还在私塾里读过书，知书达理。大人们都说，这桩婚姻郎才女貌、门当户对。

听说这桩婚事是在前几年就定下的，家境不错、有女儿的人家总会提前物色女婿。如果女孩到了适婚年龄还没有合适的结婚人选，她的父母便会委托媒婆介绍。

在宋朝，按照法律规定，男子最低十五岁，女子最低十三岁就可以结婚了。不过，很多人实际结婚的年龄要再大一些，甚至不结婚的也有。我听长辈们聊天时谈道：有一个富贵人家，父母眼光颇高，为女儿左挑右选，终于在女儿二十二岁时选到一个好女婿。而另一户贫穷的人家就很悲哀了，因为没有嫁妆，女儿便一直没有出嫁。

宋代女子要准备多少嫁妆？

宋代盛行“厚嫁之风”，女方家需要筹备丰厚的嫁妆让女儿带过去。嫁妆包括金银财宝、家装用具，还有一些房产、田地。这部分财产，通常叫作“奁（lián）产”，即以办嫁妆名义给予的财产。嫁妆只归新娘一人掌握，她的婆家无权擅自使用，如果以后双方和离了，女方可以带走自己的嫁妆，定亲时的细帖就是嫁妆具体数目的证据。

六礼

行过笄礼后不久，堂姐周娅就要成婚了。为了筹备婚礼，我母亲经常去给伯母帮忙。有两次我也跟着去了，我在旁边听大人聊天，听到了好多关于婚嫁的新鲜词儿，了解到婚礼需要遵循很多程序和礼仪，男女双方都要准备很多很多的东西。虽然有些事我还不太懂，但是我可以体会到：结婚不仅对于一对新人很重要，而且还是牵扯双方家庭的大事。

结婚的过程很复杂，要遵循一些基本的礼仪和程序，称为“六礼”。

第一礼：纳采

男方先委托媒人去女方家里提亲，给女方家里送去“采择之礼”。

“三书六礼”的意义

在“六礼”的过程中，男方和女方多次来往文书，其中最重要的“三书”是：聘书——在订婚时交换；礼书——礼物清单，当中详列礼物种类及数量；迎书——结婚当日接新娘过门时用的。

第二礼：问名

等到双方确定了意向，男方媒人就带着礼物到女方家询问女方姓名、出生年月时辰。之后，男方家请人占卜，看看双方的八字是不是“合”。

第三礼：纳吉

如果“拆八字”顺利通过了，男方家就会给女方家送礼、报喜，接着商量聘礼和嫁妆的问题。别看前面进展顺利，如果聘礼和嫁妆上谈不拢，婚事也得告吹。

什么是“三媒”？

三书是六礼过程中的三封文书，那三媒指的是什么呢？俗话说“父母之命，媒妁之言”，这句话可见在古人的婚姻中媒人的分量很重。促成一桩婚姻，一般少不了三个媒人。“三媒”包括男方聘请的媒人、女方聘请的媒人，还有给双方牵线的中间媒人。他们负责完成牵线、提亲、送礼、沟通聘礼、嫁妆和婚礼的各种事项。厉害的媒人，并不仅仅是充当跑腿儿、传话筒，而是巧舌如簧，积极地推动和促成婚事。由于媒人都是女性，所以这个职业还有个俗名叫“媒婆”。

第四礼：纳征

到了这一步，就等于要订婚了。富贵人家的纳征之礼很隆重。男方会选一个吉日，带上礼书，将聘礼装入箱笼，让人挑着，走街串巷，敲锣打鼓，送至女方家里。女方收到礼物后也会回一些礼物给男方带回去。这样婚约就算正式定下来了，女方开始安心备嫁了！

古代男女在结婚之前是不见面的，宋朝有个特别的婚俗是，为了使婚事订得牢靠一些，媒人会安排双方“相亲”。约在湖舫、酒楼、园圃等环境，双方在暗处看看对方。通常是男方掌握主动权，要是相中了女方，就会给女方留下信物。

第五礼：请期

男方要选出几个良辰吉日，带着礼物向女方家征询意见，双方商量着定下举办婚礼的日子。

第六礼：亲迎

女方家在亲迎日之前选一个好日子，派人到男方家布置洞房，这当中最重要的要数“安新床”啦。要把床置放正位，不与桌子、衣橱或任何物件的尖角相对，还会在床上放置一些寓意好兆头的东西，比如百合、红枣、莲子等。

到了亲迎当天，男方带迎书和各式礼品，抬着花轿去迎亲。新娘子梳好头，化好妆，穿上凤冠霞帔，蒙上红布盖头等候。等着花轿一到，新郎叩拜岳父、岳母，呈上迎书和礼品，女家奏乐开筵。之后新娘坐上花轿，在鞭炮声和乐队吹吹打打的喜乐中告别娘家人。

迎亲

婚礼的时间

下轿入门

接到新娘子，迎亲队伍回到男家。这时候已经是黄昏了，在很久以前，婚礼就被叫作“昏礼”呢。黄昏时候，日月渐替，含有“阳往阴来”之意。接下来就是各种仪式了！

下轿入门

男方家里要先在家门口铺好青色的地毯，等新娘子来了，下轿时脚不能沾地，要踩在地毯上，走入中门。

进中门前，要行跨马鞍之仪，意思是祈求平安。

走入中门之后，新娘子要先到一间悬挂着帷帐的屋子里坐下。这个环节叫“坐虚帐”。

行礼拜堂

入中堂，新郎得先把新娘“牵”出来。怎么牵呢？用两匹红绿彩绢打个同心结，一头挂在新郎手中的槐简上，一头挂在新娘手上，这样新郎牵着新娘出堂。接着，新郎的家人用秤杆或机杼挑开新娘的红盖头，新娘子的花容展露出来。接着就要进行拜堂啦！新郎新娘先参拜诸位家神及家庙，再进行夫妻对拜。一般来说，新婚夫妇二人站立作揖行礼就行。交拜礼毕，夫妻被送入洞房。

行礼拜堂

取两位新人的一束头发结在一起，名曰“合髻”。这是宋朝出现的新俗，所谓结发夫妻就是从此而来，它象征着夫妻合二为一，生死与共。最后，新郎摘下新娘之花，新娘解开新郎的纽结，把花与纽结抛于床下，双双掩帐。就像戏台上的演出最后闭幕，婚礼至此算是告一段落啦。

婚礼后还有什么礼仪？

婚礼的第二天五更，婆家会用桌子装置镜台，把镜子放在上面。新妇望堂展拜，接着再拜尊长亲戚，尊长则要答贺。新郎要在婚礼后第二天或第三天、第七天，和新娘一起回一趟新娘家，行“拜门”礼，女家会摆上酒席款待新婿，并要送给女婿礼物。此后，在亲迎后的第三日或第九日，女方家会送一些酒食到男家，称为“暖女”，之后女家接新娘回家，然后给女婿家送去彩缎、头面等东西，称为“洗头”。到了婚礼满一个月时，女家再送礼到男家，男家大办宴席，款待亲家，称为“贺满月会亲”，到此，整个婚礼算全部结束。

闹洞房

送入洞房的新婚夫妇，还有很多“节目”呢。两人先对拜，再坐于床上。礼官会拿来五谷、彩钱、杂果等吉利的东西，抛到床上，这叫作“撒帐”。

夫妻二人喝合卺（jǐn）酒，用彩丝绞成同心结，把两个酒杯联结起来，新人行交卺礼，合卺酒又叫“交杯酒”。吃了酒，两只杯子一仰一覆安于床下，以示大吉大利。

大宋超好玩

萌娃宋朝游学记 ③

李静敏 著
中采绘画 绘

文化发展出版社
Cultural Development Press
·北 京·

目录

报秋的树叶

立秋那天，父亲下午回到家，我们争抢着给他展示头上戴的楸（qiū）叶。戴楸叶是立秋的一个习俗，男女老少都会佩戴。

这些楸叶是从街上的店铺买回来的。京城有很多楸树，等到起风时，满树楸叶飘落下来，可以自己去拾，也可以到商铺去买，价格很便宜。为了更特别些，白芷和几个侍女把它们剪成了花瓣形。我们也给父亲留了一枚，他愉快地插在了鬓边。

他说：“戴上楸叶，仿佛耳畔有了秋风！”

太史

太史是古代官职。春秋战国时期的太史“身兼数职”，不仅要记载史事、编写史书，还要负责天文历法、祭祀等，是朝廷重臣。但是，到了秦汉时期，太史的职位就越来越低了，等到了魏晋以后，甚至连职能也削减得只剩下推算历法了。

父亲跟我们讲了今天在早朝上的一件趣事。宫殿门口栽了一棵梧桐树，这棵树的作用就是报秋。每年到了立秋这天，负责制定历法的太史官就会在出早朝时上奏：“启禀皇上，秋天来了！”

今天，这位太史官也是这样说的。他的话刚说完，梧桐树上就掉下来两片叶子。

“叶子真的有那么准时就落下来了吗？”我感到很不可思议，于是问道。

父亲笑了笑没有说话。我猜，没准儿是那个太史官想办法给晃下来的呢！不过，不管怎样，这是一个迎接秋天的仪式。

古人爱悲秋吗？

在古代文学中，秋天常常被描绘成美丽而又忧伤的画面。比如，柳永的《八声甘州·对潇潇暮雨洒江天》中写道：“对潇潇暮雨洒江天，一番洗清秋。渐霜风凄紧，关河冷落，残照当楼。”

古人为什么爱悲秋呢？一个原因是，秋天虽然是庄稼收获的季节，但是同时也是植物凋零的季节，这容易让古人将秋天与死亡、别离等情绪联系在一起。再者，在古代社会中，战争、饥荒、疾病等灾难时常发生，许多人因此失去了亲人或财产，这些不幸经历让古人更加珍惜生命和幸福，也更容易感受到秋天所带来的孤独和无助。另外，古人的悲秋情结也与他们的审美观念有关。

“咬”秋

“咬”秋可是立秋时节不能缺少的仪式感。

父亲换好衣服，来福就给我们端来几碗秋水，喝秋水可是时兴的“咬”秋习俗。

秋水不是普通的水，而是用赤小豆加糖熬煮而成。母亲告诉我们，从暑热向秋凉转变之时，人容易出现肠胃不适，而赤小豆能消解积暑，也能促进食欲，是餐桌上的头号“咬”秋之物。

古人贴秋膘吗？

农历七月天干物燥，注重养生的古人一般会吃点儿凉性的食物。而且“苦夏”过后，人体也需要吃些有营养的食物补一补。于是，味甘性凉的鸭子就成了古人很好的选择。宋代有一种色香味俱全的“爊（āo）鸭”，做法是：取嫩肥鸭一只，去毛洗净，除去肚肠；先用油将鸭肉煸成金黄色，然后放酒、酽醋、水调成汤汁，没过鸭肉，再加入各式调料慢火炖；收汁后淋上冷的栀子水，令其变黄色。爊鸭不是烤鸭，更接近现在的“卤”鸭。

不仅如此，来福还给我们拿来了果盘，有杏子、桃子、李子，有各种枣，如灵枣、牙枣、青州枣、亳（bó）州枣，每样有几颗。我拿起一颗金灿灿的杏，一口咬下去，甜得像是生出蜜来！太爱这些晚熟的水果啦！

农历七月，又被我们称为“瓜月”，这时候的南瓜、丝瓜、冬瓜、甜瓜都成熟了，从近来家里厨房准备的吃食便也知晓了。有时，我会惦念郊外农户家的小瓦，他现在一定在忙着秋收呢！

社日和社饭

秋收完毕后，古代农人有了时间祭祀土地神。汉代以前只有春社，汉代之后开始有秋社。宋代以立春、立秋后的第五个戊日为社日。

秋收后人们也有了更多时间走亲访友，在社日以社糕、社酒相馈赠，皇亲国戚、富贵人家做“社饭”来招待宾客和祭祀使用。社饭是用猪肉、羊肉、腰子、肚、肺、生姜等材料切成小的片状，然后辅以各种调料调和，最后均匀地铺在米饭上面蒸熟制成。

宋代诗人陆游有一首描写秋社情景的诗：“明朝逢社日，邻曲乐年丰。稻蟹雨中尽，海氛秋后空。不须谀土偶，正可倚天公。酒满银杯绿，相呼一笑中。”

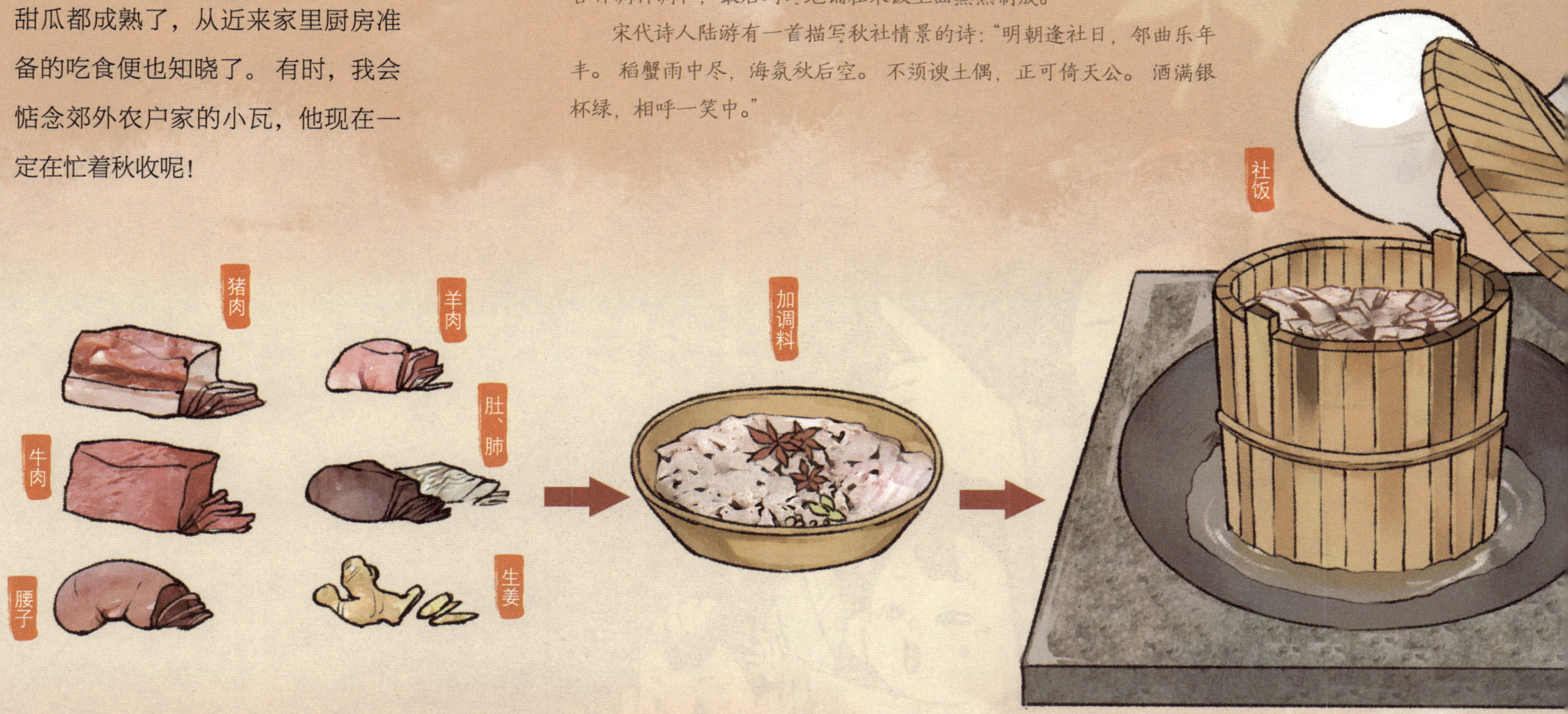

牛郎织女来相会

七夕节快到了，晚上我们全家经常在院子里铺席子纳凉。

母亲见我仰望星空，便指着两颗很亮很亮的星给我看：“那颗叫织女星，那颗叫牛郎星。”

我使劲儿地看啊看啊，终于看到它们了。

“它们的名字好特别啊，听起来就像是女人和男人的名字。”

母亲说：“对噢，七夕节的来历就是源于这两颗星星。”

母亲接着给我们讲述，我知道了关于这两颗星星的“秘密”：

古人将黄道和天赤道附近的星空分成二十八个区域，叫二十八星宿。二十八个星宿又分成四个片区，每个片区里的星星都好像组成了一个动物的图形：东方青龙、南方朱雀、西方白虎、北方玄武（蛇与龟的合体），它们合称“四象”，每一象里有七宿，每一宿里又有好多颗星星。其中，北方玄武里有个牛宿，牛宿里有四颗星星组合起来很像一台织布机，另外三颗则好像一位织女，于是，古人就把最亮的那颗叫作“织女星”。刚好，在织女星的下方，隔着星星点点的银河，有个星星组合叫河鼓，其中特别闪亮的一颗星叫作“牛郎星”。

鹊桥相会

“我们的祖先在观望星空的时候，对着这隔河相望的织女星和牛郎星就想象出了一个爱情故事，把它们分别想象成一个女人和一个男人。一个叫织女，一个叫牛郎。他们勤勤恳恳的，深得玉皇大帝的喜欢。于是呢，玉皇大帝就让他们结为夫妻。”母亲说道。

“他们生活得很幸福吗？”我问。

“哎哟，别提了，他们结婚以后，就荒废了工作。玉帝很生气，就让他俩分开了，让织女回到天河之东，只准他们每年七月初七渡河相会。织女的手艺可是一流的，地上的姑娘们都很羡慕，都想跟她学两手，于是在七月初七晚上向她求教，乞巧的习俗就这么流传下来了。”

“我明白了，难怪七夕节也叫乞巧节、女儿节。”

母亲点点头，继续说：“对了，有一首三国时期曹丕的诗篇，说的就是牛郎织女鹊桥相会的事，‘明月皎皎照我床，星汉西流夜未央。牵牛织女遥相望，尔独何辜限河梁’。”

我也跟着诵读起来。

七夕是“购物节”

在宋代，七夕节是年轻姑娘和孩子们喜欢的节日。一个主要的原因就是，快到七夕时，我们可以尽情购物！街上的商铺从七月初一开始就售卖七夕节的物品，商家借此机会推出各种优惠商品，吸引顾客前来购买。

七月初五早晨，我母亲得知大伯家两个未出嫁的姑娘要上街购物，便吩咐来福和白芷也带着我们兄妹三人一同前去。临出门，我们穿上了大人特意为我们准备的七夕节新衣服，打扮一新。

等我们见到两位堂姐时，发现她俩也打扮得很漂亮，看她们戴着精巧的首饰、斗志昂扬的样子，我就知道堂姐们今天要大肆购物了！

我们先来到潘楼主干道上，这儿的过节气氛很浓厚啊！两位堂姐有商有量地，一家店接着一家店地逛下来，置办晚上乞巧要用的“材料包”。

“去买楝（liàn）叶吧！”二堂姐提议。

“好呀！需要用很多呢。”三堂姐回应。

买好了楝叶，我们又去买针、线。

“家里有吧？”二堂姐说。

“姐姐，乞巧用的针孔是特意制作的，针孔要大些！”三堂姐偷笑着说道。

“你这个鬼丫头，我明白了。”二堂姐说道，“平时你女红做得少，是要好好讨巧讨巧！”

花样繁多的玩具

我们在逛街时，总是遇到拿着荷叶的小孩。弟弟嚷嚷着：“我也要荷叶！”

于是，来福赶快跑到一家店铺前，排了会儿队，给我们买回了三支又新鲜又个儿大的荷叶，我们兄妹三人人手一支。三堂姐打趣道：“哎哟，还好我长大了，不用再打伞。”接着，我们来到卖“磨喝乐”的店铺，店主热情地招呼我们，介绍今年的新款式。“我早就想要一个磨喝乐了。”妹妹说。

磨喝乐

磨喝乐是宋代很流行的泥娃娃，是由手工艺人精心制作的。泥娃娃们个个栩栩如生，身材、手足、面目、毛发十分逼真，还会配上漂亮的迷你服装，讲究一些的还用金银、珍珠、翡翠等来装饰。

“你看看喜欢哪个？”我对妹妹说着话，眼睛却看着货架，急切地寻找中意的磨喝乐。磨喝乐是精工细作的娃娃，价格不便宜，好在母亲给了我们足够的钱。

“我喜欢这个！”妹妹踮着脚，指着一个撑荷叶造型的娃娃说。

店主连忙夸赞她：“你这个女娃长得就像磨喝乐一样可爱。”

嘿嘿，还真是呢！妹妹也撑着荷叶，圆圆的脸蛋肉嘟嘟的。那泥娃娃呢，表情逼真得就像是活的。我和弟弟也各选了自己喜爱的磨喝乐，拿在手上爱不释手。

除了“磨喝乐”，街上很多商家还为七夕节专门推出了各式奇巧的玩具。有很多彩色的帐篷里的一种小盆栽，店家用绿豆、小豆、小麦等放入瓷器里泡水，长出几寸高的芽，再用红色、蓝色彩线捆住，叫它“种生”。

“磨喝乐”名字的来历

这种叫磨喝乐的玩偶为什么会流行呢？这可能跟宋朝时佛教昌盛有关。“磨喝乐”一词，是汉语对外来语的音译，在宋朝文献中译法不一，有的写成“摩喝乐”，有的写成“魔合乐”，有的写成“暮合乐”，还有的写成“摩罗”。有人认为，摩罗便正是对佛的儿子罗睺罗的纪念，他年少时出家，所以摩罗是娃娃的模样。

有些商铺卖一种叫“谷板”的房屋玩具，是用小板子制成的，上面加土，种下粮食种子，等长出苗来，再摆放些小茅屋、树木、人物，景观和我们去郊外看到的农家风光相近。

还有很好看的“花瓜”，不知是怎样灵巧的手，能把瓜果雕刻出各种造型，非常迷人。

还有一种叫作“水上浮”的玩具，是用黄蜡铸成的凫雁、鸳鸯、龟、鱼之类，它们能在水上漂浮。

我们买了好多玩具，满载而归。

彩楼乞巧

七月初七的晚上，天空格外澄净，繁星点点，云彩变幻多姿，仿佛是织女的倩影。我大伯家的院子里早早搭上了彩楼，我和弟弟妹妹也去凑热闹。

只见香案陈设好了，案上铺一层楝叶，楝叶上摆放瓜果点心、笔墨纸砚、磨喝乐，还有女红针线，等等。

姑娘们将针线笸箩供在织女牌位前，也在纸上写出自己的名字和愿望。二堂姐写的时候，我拉着弟弟在一旁偷偷地看了，原来，她祈求织女赐她一双巧手。我和弟弟捂着嘴偷笑，因为二堂姐的手真的很“笨”，每次刺绣都能把蜻蜓绣成毛毛虫，也不知道织女忙不忙，能不能听到二堂姐的愿望。其他姑娘也手持高香，冲着天上许下自己的心愿。听二堂姐说，她们可不单单是乞巧，还求姻缘、求贵子、盼团圆……

不单单是女子要许愿，我和弟弟也把笔墨纸砚供在牛郎牌位前。我在纸上写下自己的名字和愿望：“祈求牛郎让我变得更聪明。”

乞聪

小男孩在七夕节这一天也可以向牛郎乞聪，把笔墨纸砚供在牛郎牌位前，纸上写自己的名字，还有愿望。

巧果

巧果是一种油炸的小点心，是将面团制作成不同的形状，然后将其油炸，出锅、冷却、包装。相传，姑娘们吃了七夕供奉的巧果，会变得聪明伶俐，手也会变得灵巧。

对月穿针

拜月祈愿之后，姑娘们对着月亮穿针引线，向织女求巧智。虽然有香烛照亮，但是屋里光线也不太强，还好用的针都是特意准备的有大针孔的！

看我三堂姐从从容容、姿势优雅，而二堂姐嘛，平时就不大爱练习女红，这会儿身体歪斜，眼珠都快瞪成了斗鸡眼，还没有穿上呢！

听说穿针的习俗到了宋代已简化了许多，在汉代，姑娘们要给七个孔的针穿针引线，那可不容易啊。

蛛网乞巧

“那个精巧的小盒子是干什么用的呢？”我和弟弟很好奇地问道，弟弟伸手还想摸摸。

“别动！这里面装着蜘蛛呢！”三堂姐喊道。

弟弟被三堂姐的喊声吓得后退了一步，不过，他很快恢复了神气，忙着打听：“姐姐往盒子里放蜘蛛干什么？”

“蜘蛛在这里面结网呢，是在乞巧。到明天早晨才能打开这个盒子，到时如果蜘蛛结网又密又圆，那就说明本姑娘乞了很多巧！”

“原来如此，祝蜘蛛，哦不，祝姐姐的蛛网又密又圆。”弟弟嬉笑着拉我跑开了。

中元节的来历

过完七夕没几天，就快要到七月十五了，母亲张罗着准备中元节祭祀的东西。

中元节在宋朝是挺重要的节日，官员会放假三天。母亲告诉我，这个节日的起源跟宗教有关，佛道两教对它都各有各的叫法，也各有各的说法。

“道教管这一天叫‘中元节’，道教三官大帝分别是天官、地官和水官，他们的诞辰分别在正月十五、七月十五和十月十五，所以这三个日子合称三元日，分别是上元、中元和下元。”

“三官大帝都有什么神通啊？”

“他们啊可厉害了，为天帝检校人间功过，从而定赏罚。天官赐福，地官赦罪，水官解厄。传说地官会在这一天来到凡间来考察，地府的大门会打开，很多鬼魂就会溜出来，已经故去的祖先会‘回’到家中看望后代，有些孤魂野鬼也会出来捣乱。”

“啊！”我恍然大悟，“所以，这一天我们要祭祖，给祖先准备一些好吃的，烧纸钱、纸衣，表表孝心。”

“不过，这些都是传说，其实我们祭祖主要还是为了铭记先人，是对先人的一种尊敬，是对已故的亲人的一种缅怀。”

“嗯！我知道了。”

盂兰盆会

母亲又说："现在中元节的这个叫法更流行，其实佛教称这一天为'盂（yú）兰盆节'哦！"

"那盂兰盆是什么意思呢？"我继续追问道。

"盂兰盆是人们祭祀时用的，盆是盛放供品的器皿，'盂兰盆'的意思就是用来解救已逝亲人倒悬之苦（传说指人死后堕入三恶道中，所受之苦像被倒挂着一样）的器物。"母亲说。

"那为什么要这样做呢？"

"这啊，源于一个很长的杂剧故事了。"

"我要听故事！"这时候弟弟刚从外面进来，听见"故事"两个字就凑了过来。

“那我就给你们讲讲吧……这个故事叫‘目连救母’。传说目连幼年丧父，他的母亲性情大变，变得贪婪、浪费，有害人的恶念，于是，她死后要接受惩罚，在地狱里挨饿。双亲去世后，目连就皈依佛门了，他认真修行获得了神通。然后呢，他一片孝心，想要超度母亲，让她不再挨饿。于是，他就朝着地狱走去。在那里，他见到了狼狈不堪的母亲，但他无法救助她，于是向佛陀求情。佛陀对目连说：‘农历七月十五那天，你用虔诚的心来建盂兰盆会以供养十方僧众，结合众僧的心力为你母亲祈福，你母亲才有望脱离饿鬼道！’目连照做了，她的母亲获得了解脱。”母亲顿了顿，又继续说道，“所以，后来每逢七月半，大小寺院都会举办盂兰盆会，人们为了报答父母的养育之恩，向僧众陈设供养，放到盂兰盆里，希望可以凭借众人的心力，让父母脱离苦难，获得安乐。杂剧有这个故事，今天应该能看到，晚点我带你们去看。”

杂剧

杂剧的起源很早，唐代的歌舞杂技发展兴旺，到了宋代又发展成了滑稽戏、傀儡、皮影、说唱等表演形式的泛称，可以作为一种戏剧表演形式单独演出。它的内容涉及广泛，语言幽默滑稽，有时也能起到针砭时弊的作用。在宋朝，上至皇室宫廷贵族，下到乡野百姓，都喜欢看杂剧。

放河灯

白天，我们去给爷爷奶奶扫墓。到了晚上，父亲说：“我们去放河灯吧！”

放河灯也是人们悼念逝去的亲人的一种方式。

我们来到汴河边，这里很热闹，有很多商铺和夜市摆摊的。此刻，很多人在放河灯。

拿出从家里带来的两个河灯，弟弟和我一人一个放了下去。河灯的灯罩是用纸做的，里面置放燃着的油纸捻。我看见也有别人家的河灯是用彩色纸剪成荷花瓣的形状，贴到碗口上，再在碗中间用油脂点火的。

我们的河灯放走了，顺水漂流。父亲嘴里念念有词，也听不清说的是什么，或许是他在诉说着对逝去亲人的思念和祝愿。

就在这时，一阵微风吹过，吹动了我的衣角，也吹动了河面上的河灯。我抬头望去，只见我们放的那两盏河灯，随风忽闪着，犹如闪烁的星星。

炸茄饼、蒸花馍

中元节，在江浙地区有的人家会做炸茄饼来祭祖。茄饼的做法是，把茄子切丝，和上面粉，再过油煎炸。

在晋北地区，人们会在中元节蒸花馍，作为走亲串友的礼品。一家老小都可以上手捏面团，做成牛、羊、虎等动物造型，还有瓜果、花朵造型。花馍蒸熟以后，染上颜色，看上去像是工艺品一样很好看。

泛舟中元夜

放完河灯，我们上岸后在附近闹市逛了一会儿。

后来，父亲嘱咐车夫和侍从送我们母子回家。而他呢，还要跟几个朋友去游玩。

母亲嘱咐道：“要当心啊！”

父亲说：“夫人不必挂念，我和几个朋友就在近处游玩，天亮前便会回家。”

我们和母亲回到家就歇息睡了。

第二天临近晌午，父亲才起床。我好奇地向他询问：“爹爹昨天玩得尽兴吗？”

母亲朝我使眼色，我瞬间意识到自己说错话了，按照礼仪，哪有儿子过问父亲行程的。

“嘿嘿嘿，不好意思，您不说也可以。”我又补充说道。

不过，我父亲非常随和，不恼火，还很高兴，他跟我说道：“我们朋友几人泛舟汴河，抚琴饮酒，吟诗作对，很痛快！我又作了一篇好诗。”

刚说完话，我还等着父亲诵诗呢，只见他起身走了，朝着书房去了。我猜，八成是提笔写下即兴创作的诗去了，以免日后忘记。

国泰民安
风调雨顺

发请帖

又是一年八月十五，金风飒爽，玉露生凉，中秋节到来。

父亲想邀请好友到家里相聚，几天前便给他们写请帖了。

我看父亲写请帖很好奇，也想学一学，到时候我也可以给我的好朋友写请帖，邀请他们来家里玩儿了。于是我主动请求给父亲磨墨，其实想在一旁偷偷地观察父亲的一举一动。只见父亲在一张白纸上，简单地写明请客的缘由、时间、地点，落款是父亲的姓名和官衔。写好后吹干墨放入白色的信封内，封皮中间还贴上了一张红纸条，上面写着被邀请人的姓名，如果这个人有官衔也要写上。

我真的开心极了，心想：原来写请帖这样简单。

可是我并不知道发请帖还会有回帖这么一回事儿，直到第二天，我撞到父亲的小厮拿着回帖，我才知道，请帖送过去后，送帖人会在门口等候着，受邀人会写一封回帖告知自己能否准时参加。

我真的长见识了！

门口迎客

到了八月十五这天下午，客人们陆续来了。

来福匆忙进来通报：“官人，有客来了！茶酒司的人已在门口迎着了，来的是翰林院的陈学士，您要不要去看看？”

陈伯父是今天的贵客，为了表达重视，父亲带着我亲自去门口迎客。

只见来的是一辆装饰比较华丽的马车，陈伯父正从马车里出来。父亲整了整衣装，走到跟前弯腰施礼，请他登堂。我也一同行礼，向客人问好。

陈伯父戴纱帽，穿皂衫，佩革带，一身正装。他随我们一同登门，每到一处门户前，父亲都会停下来说：“请您先进！”陈伯父表示客气之后才继续向前走。

我们一路来到花园，那里已经摆好了宴客条案，上面摆放了些茶水、水果、点心。父亲引着陈伯父一直走到宴席前，向他连续三次弯腰施礼，恭请他就座。陈伯父也在礼让之后才就座。

来宾入座

客人一般坐在哪儿呢？这个我知道，一般宴客的主人坐在中间，主人左手边的第一个座位是主宾。这会儿，父亲就让陈伯父坐在了这个尊贵的位置，今天来的人里属他官衔最高啦！

陆陆续续地，今晚的全部客人都到齐了。其中一些地位显赫的人，或是长者，我父亲都亲自到门口迎接。还有一些比父亲年轻的人，则由茶酒司的人负责迎接进来。

分餐，还是合餐？

在很久很久以前，古人吃饭可不是一起吃的哦！他们一般按照身份、等级来分饭吃。从唐朝开始，人们就开始注重吃饭的氛围，觉得大家一起吃饭才开心呢！于是，普通家庭就都开始用合餐制啦。

到了北宋，由于生产的粮食多了，产量也比较稳定，分餐制就更加不重要了。而且，宋代的烹饪技术一流，大街上的酒楼、小吃摊生意很火爆，人们更喜欢聚在一起分享美食。还有一个原因也促使了合餐制的流行，那就是高桌大椅的出现，人们不必像以前那样跪着吃饭，而是可以舒舒服服地坐着用餐。

不过，虽然普通人都喜欢合餐制，但是宫廷筵席还是坚持用分餐制呢！皇帝通常自己用餐，不与别人合餐。

古人的座次有什么讲究？

古代建筑通常是堂室结构，前堂后室。在堂上举行的礼节活动室南向为尊。皇帝聚会群臣，他的座位一定是坐北向南的。越靠近皇帝官位越大。古人常把称王称帝叫作“南面”，称臣叫作“北面”。这是前堂的规定，而在室内的座次则以坐西向东为尊。

四司六局的分工

帐设司： 专掌仰尘、桌帏、搭席、帘幕、绣额、屏风、书画、画帐等事务的。“仰尘”是设在座位上的小帐，可以承接尘土。“桌帏”指的是桌布、台布。

茶酒司： 专门负责客人所用的茶汤、斟酒、上菜、饮酒、行礼等事务的。茶酒司的人也兼管宴会上的流程，多半都有眼观六路、耳听八方的本事。

厨司：专门负责烹饪的，生熟看食（酒席上的点心类食品）、放料批切（食材的处理方法）、调和汤羹等。

台盘司：负责上菜、撤盘、清洗餐具等。

铁锅炒菜

宋朝人已掌握了多种多样的烹饪方式，比如熘、炒、鲊、烧、蒸、煮、卤、炖、腊、煎、糟、腌等方式。其中特别要提的是“炒”，这种难度较高的烹饪方法在宋朝时已经出现了，宋朝人已经吃上了爽脆嫩滑的炒菜。这不仅因为宋朝人对烹饪方式的革新和精进，还因为宋时冶铁技术有了长足的进步，使用铁锅得以普及，具备了实现高温爆炒的条件。

厨娘

如果是三五好友小聚，就不必动用四司六局这样大的阵仗了，请一两名厨艺高超的人上门就可以。宋代之前厨师多为男性，到了宋代涌现出了很多专业的女性厨师，人们称呼她们为“厨娘”。手艺高超的厨娘工价不菲，普通人家一般请不起。

香药局：负责行香。宋人十分爱香，酒席上制造氤氲香味自然不能少。这次宴会，我父亲点名要了沉水香和龙脑香，都是很名贵的香料。酒席上如果有人醉酒了，香料局的人会奉上醒酒汤、醒酒丸。

排办局：负责掌管布置场地，如桌椅、打扫、挂画等事宜。他们把我父亲收藏的一些名人字画都张挂到了现场。

油烛局：负责照明、生火取暖的。照明、生火取暖对于夜晚的宴会来说是必不可少的。

主客尽欢

吃饭前，父亲招呼着几位好友在花园里玩投壶。假山那边有块很大的空地，很适合玩投壶。侍女们把上好的投壶器具都拿出来布置好了，一切准备就绪。

为了凑趣，我们小小“男子汉”也参加了比赛。起初，是一对一地比。我不太会玩，便在一旁观察着每个人的动作，默默记下要领，有几位叔父的水平真是很厉害呢！

慢慢地，我领会了其中的窍门并乐在其中，也能投中了。

大家玩投壶主要出于礼仪和娱乐，不太在意输赢。投壶的声音接连不断，人们的笑声此起彼伏，掌声不断。

不知不觉，天色有些暗了，中秋夜宴就要开始了，投壶游戏便结束了。

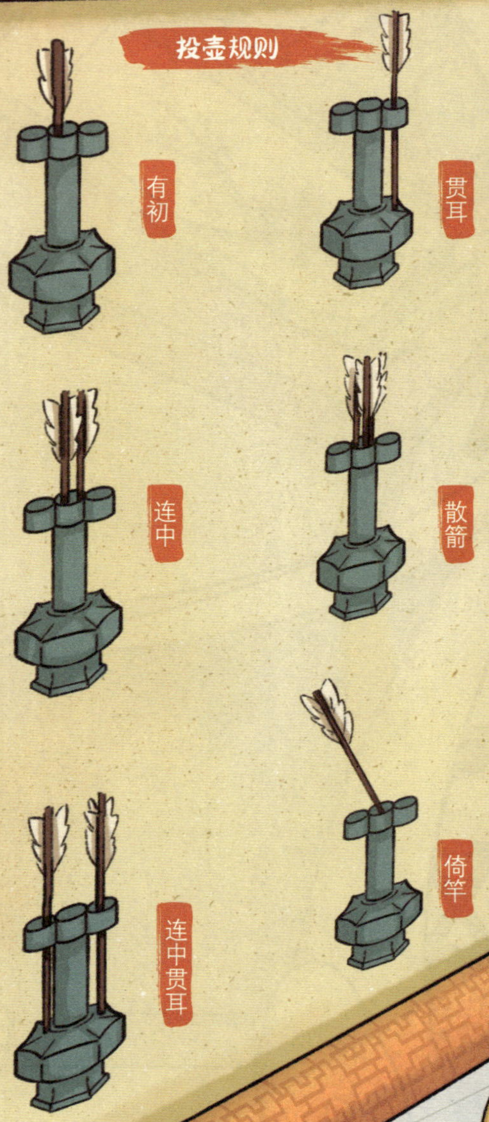

古代文人的六艺

早在周朝时期，对于贵族子弟的学习，就要求其掌握六种基本才能，也即“君子六艺”，包括礼、乐、射、御、书、数。其中“射”指的是“射箭”。在古人眼里，射箭不但是杀敌的本事、围狩时的射猎技能，也是有助于养成君子的礼仪和品格的体育运动。

投壶兴起的源头

投壶便是源于“射”礼，兴起于春秋战国时期。贵族宴请宾客时，把席前请来宾射箭作为一项重要礼仪。明朝宣宗皇帝朱瞻基也是一位投壶爱好者，明代画作《朱瞻基行乐图》就描绘了他投壶的场景。

开席宴饮

傍晚日落之时，家中院子里、屋子里都掌上了灯烛，开席了。

欢聚的时刻当然离不开美酒，父亲举起酒杯邀请大家畅饮樊楼新酿的美酒。

今晚的菜肴有肉、蛋、禽做的荤菜，虚汁垂丝羊头、入炉羊、鹅鸭排蒸、荔枝腰子、鹅鸭签、盘兔、白肉夹面子、茸割肉等。也有新下来的时令食物给大家尝鲜，头一个便是螃蟹。厨师用了几种不同做法，清蒸蟹、炒蟹、炸蟹都有。

还有一些以“假”字开头的菜，其实是仿荤，就是用素食或者其他常见的材料做出跟荤菜、河鲜、海鲜类似的形态和口感。比如“假河豚”，就是用一种鱼肉仿照河豚做出来的，口感如河豚一样鲜美。

这时候新鲜上市的水果也不少，有从各地运来的梨、枣、葡萄、石榴等。

“月饼”是什么时候出现的？

虽然大宋人的面点技艺高超，但是那时候的人们还没有流行吃月饼。南宋时期，“月饼”首次出现在书籍记载中，不过，作为蒸熟的食物，与馒头包子放在一起，与后来烤制的月饼不同。明代，月饼才出现在中秋节的记载中，但真正作为特定的中秋节食物是在明清时期。

赏月

酒过三巡，月亮已高高升起，夜色浓郁。

父亲招呼大家说：“我们去亭台上赏月吧！”

大家欢呼起来。

我家的亭台坐落在园子的中央，父亲为其取名为“烟波阁”。亭台的前方是一片湖水，湖面上荷花竞相开放。此时正值秋季，亭台两旁的桂花树开花了，散发着清新的芳香。为了这次中秋盛宴，母亲还吩咐仆人提前用彩带、灯笼等将树木装饰了一番，桂花树看上去分外喜庆、好看。

站在亭台上远眺，京城灯火通明，就好像夜空中有火龙一般。大人们议论着，说那是铁塔，朝廷专门为中秋夜制造盛景，在高高的铁塔里点燃油灯。这可真是一大盛事啊！这个铁塔建在开宝寺内，名字叫“开宝寺塔”。它还有个神奇之处——它的外部并不真的是铁，而是用褐色琉璃砖砌成，远看就像是铁的颜色。

我们在花园里还能听到外面的嬉闹声，每逢中秋夜，街道上都是人声鼎沸的，人们通宵欢庆。时不时地，还传来动听的音乐，声音忽远忽近，就好像是从月宫里飘来的一样。

中秋节是什么时候有的？

早在魏晋时期宫廷之中和上流社会就有了赏月的习俗。到了唐朝，中秋成了法定节日，而且一休就是三天，但那时法定假日主要还是官员享受，平民百姓玩乐的风气不浓，城里又有宵禁，所以中秋赏月还不普及——民间的活动并不多，也没有形成风俗。平民百姓真正把中秋当成重大节日来过，正是从宋代开始。唐朝人过中秋节主要是夜晚宴饮赏月，而宋朝人则是全天都过节，从中午就开始纵情饮酒。

男子的成人礼

几天前，大伯父给我们送上请帖，邀请我们参加二堂哥周群的冠礼。

“时间过得真快，群儿都这么大了！”我父亲感慨道。

“谁说不是呢，眼看就要成家立业了。”大伯父说。

在宋朝，男子二十岁称弱冠。这一年家里人要为他操办“弱冠之礼”，简称冠礼。冠礼仪式的重点是给年轻的男子戴上表示成人的帽子。

不过，由于这时年轻男子的身体还没有特别强壮，所以“冠”前加个“弱”字。

冠礼的地点

父母带着我去参加周群哥哥的冠礼。

我们来到了举办仪式的礼堂。这里摆放着一个供桌，供桌前有一个香案，正中放着一个香炉，燃着一炷香，两旁各有一对蜡烛点燃着。香炉的前面，摆着一些果品，还有茶壶、茶杯、酒壶、酒杯。

祭祀

在冠礼仪式前，大伯父先祭拜了祖先。他跪在供桌前，对着祖先的牌位拜了两次。为祖先献酒，以酒酹地。接着，他朗读了一大段告词，告知祖先自己的儿子周群已长大成人，今天行加冠之礼，特意为祖先们献上果品、美酒，以表真诚。

宾客请入座

这个仪式的主人是我大伯父——受冠者的父亲，主宾是周群的一位德高望重的老师。祭拜过后，主人走到礼堂的门口，向主宾行揖让礼，并迎主宾到正堂落座。

参加冠礼的人的位置都是经过安排的：

香案的东侧：主人（坐）。受冠者站在主人右侧。亲属们则站在主人的身后或两侧。

香案的西侧：主宾（坐）。其他来宾，受冠者的师友、同窗，站在主宾旁边。协助主宾进行冠礼的两位赞者也站在这边，还有一位负责主持流程的司仪。

三次加冠

冠礼正式开始了，主宾为受冠者周群加冠，依次进行三次加冠，敦促他树立进德修业的志向，表达师长们的期盼与祝愿。

一加——缁（zī）布冠，服深衣、大带、纳履

在加冠之前，赞者先帮受冠者束发，用黑色的包头巾缠好发髻。然后，主宾右手握着冠的后项，左手握着冠的前部，站在受冠者面前，先向其致祝词：“于此良月吉日，第一次为你加冠，你需从此抛弃幼稚的童心，谨慎地修养成人之德。祝愿你健康吉祥，大增洪福。”祝毕，主宾为将冠者戴上缁布冠，并由赞者为其系上冠缨。冠者起身，主宾作揖礼，请冠者回房，换上与缁布冠相对应的成服、饰物。之后，冠者出房，面朝南而立，向来宾展示。

二加——纱帽，服皂衫、革带、系鞋

在加冠之前，赞者去掉受冠者的缁布冠，并重新为其梳理头发，像上次那样为受冠者扶正黑色的包头巾、缠好发髻。

主宾再致祝词：“于此良月吉时，再次给你加冠。你要端正成人之威仪，敬慎地修养德行。祝愿你长寿万年，永享无穷之福。”

祝毕，主宾为受冠者戴上帽子。冠者起身，主宾作揖礼，冠者再次起身回房，换上相应的成服、饰物。出房后，面朝南而立，向在场宾客展示，二加仪式完成。

三加——幞头，服公服、革带、纳靴、执笏（hù），或襕衫（父无官者），纳靴

三加之前，赞者还需去掉冠者的纱帽，并再次重新为其梳理头发。

主宾祝词：“在这吉祥的日子，三种冠都依次给你加上，你的兄弟们也都来参加冠礼，他们会助你成就成人之德。祝你长寿无疆，享受天赐的福庆。”

祝毕，主宾为受冠者戴上幞头。冠者起身，主宾作揖礼，冠者再次回房，换上与幞头对应的成服、饰物。出房后，面朝南而立，向在场宾客展示，三次加冠仪式至此全部完成。

古时候喝酒有年龄限制吗？

古人喝酒有年龄限制，要等到成人之后才能喝酒。在举行冠礼时，每一次加冠仪式后，主宾都向受冠者敬酒，承认冠者成人，这一仪程称作行醮（jiào）礼。

冠者见母

行加冠礼时，冠者的母亲并不在场。加冠礼结束后，冠者要带上肉脯，去拜见自己的母亲。

母亲先行拜受礼，接受肉脯，接着，冠者向母亲行拜送礼，母亲再行回拜礼。

这个礼节与以往不同，表明母亲此时要将儿子作为成人看待了，愿意接受儿子的供养并加以期许。

取字

孩子出生后由父亲取名，举行冠礼后，还需在姓名外取字，以示成人。此后除了父母之外，其他人只称其字，而不可随意称呼其名了。

主宾宣布："在这个吉祥的日子，举行庄重的仪式，以宣布你的字。你的字蕴含着对你的期待。这个字适合于你，并将给你带来好运，你要永远地保有它。你的字是：仲柏。"

我们取字会跟名有关联，或与家中兄弟排行有关，二堂哥的字里"仲"便表示他在家中排行老二。

冠者答："我虽愚钝，但我一定牢记您的教导，谨奉我的字义。"

冠者见亲友

冠者取字后，即以成人之礼见兄弟、赞者、姑姊。在场的兄弟对冠者要拜两次，祝贺其成人，冠者回礼答拜。对于赞者，冠者要面朝西行拜礼，礼仪也如同见兄弟一样。之后，冠者要入闱门见姑姊等人，礼仪如同见母亲一样。

冠者见乡大夫和乡先生

受冠者脱下最后一次加冠时所穿戴的帽子和衣服，穿戴上礼帽和礼服，带着礼品，去拜见乡大夫，或者乡先生，告之自己已经成人，可以参政了。

至此，一套完整的冠礼程序结束了。

人生阶段图

古代根据人的成长过程的特点，以十年为单元，将人生大致分为九个阶段，对于一些有特别意义的年龄还有具体称谓。

十年为“幼”

刚出生的孩子被称作“赤子”，满周岁的孩子叫“牙牙”，二三岁的时光被称作“孩提”。三至九岁的孩子因不束发头发会下垂，因此以“垂髫”代指。古人还常用“黄口”来泛指十岁以下的儿童。“始龀（chèn）”指七八岁换牙的孩子。

八至十二岁的孩子都可叫作“总角”，出自《礼记·内则》：“拂髦，总角。”这是根据孩子们的发型来描述的。

此后，性别不同，具体叫法不同，女孩的十二岁被称为“金钗之年”，十三四岁被称为豆蔻，十五岁称及笄。男孩的十三至十五岁期间学习勺舞，因此被称为“舞勺之年”，十五岁男孩束发为髻，因此也被称为“束发”。

二十为“弱”

“弱冠”指二十岁的男孩子。这一年龄的女子则为“桃李年华”。

三十为“壮”

“而立”指三十岁。出自《论语·为政》：“三十而立。”

四十为“强”

“不惑”指四十岁。

五十为“艾”

《礼记·曲礼上》中说：“五十曰艾。”五十岁还有“天命”“半百”的说法。

六十为“耆”

孔子曰：“吾十有五而志于学，三十而立，四十而不惑，五十而知天命，六十而耳顺，七十而从心所欲，不逾矩。”（《论语·为政》）所以人们也用“耳顺”指六十岁的人。

六十岁还有“花甲”的说法。花甲出自天干地支纪年法，从甲子开始，六十年一循环。通常叫作“六十花甲子”。

七十为“老”

“古稀”指七十岁的人。出自杜甫诗：“酒债寻常行处有，人生七十古来稀。”

唐宋时期对老年人的称呼

唐代对老年人的称谓种类繁多。有一种是沿用前代流传下来的称谓，有一种是表示老年人品德高尚的称谓，比如耆年、耆旧，耆老就是“老而有德之称”，还有一种是表示职业与老年人身份属性的合称，比如酒媪、卖炭翁等。宋代承袭了唐代人对老年人的称谓，并出现了更加多元的称谓，有学者统计：老、翁、叟、丈、媪、婆、姥、妪，这八个主字构成宋代专属老年群体的称谓。

八九十为“耄（mào）”

耄为八九十岁，耋（dié）为七八十岁。耄耋泛指晚年，常指八九十岁的老人。也有用“鲐背”来形容九十岁的，鲐是一种鱼，背上的褶皱如同老人的皮肤，故借此指代九十岁。

百岁曰“期”

“期颐”是一百岁的特称。《礼记·曲礼上》：“百年曰期、颐。”期，犹要也；颐，养也。意思是，人活到一百岁，吃饭穿衣都要孝子来照顾。

花园赏菊

九月初九是重阳节。《周易》中，“九”代表着“阳”，“双九”代表着“两阳重合”，阳气达到了顶点。人们非常重视这一天，希望在这一天里祈福延寿。

而赏菊是重阳节的一个重要习俗。京城里每年都会举办菊花会，因为今年我们自家的园子里栽种了很多菊花，一大早，母亲便邀我们去园子里赏菊。

进了园子，菊花盛放的缤纷美景让我们很是震撼。

弟弟妹妹欢蹦乱跳地凑近了去闻菊花的芬芳。

母亲喜不自禁地向我们介绍：这些菊花的叶形很相近，但开出的花却不同。黄色富贵，是菊之正色，花蕊像莲房一样的黄菊花叫“万龄菊”；粉红色明艳，花瓣和桃花很像的叫“桃花菊”；纯白色高洁、雅致，这种花型很大的叫“喜容菊”……

我国从什么时候开始种植菊花？

菊花的原产国是中国，我国至少有三千年的菊花种植历史。《山海经》《礼记》《离骚》等著作均有对菊花的描述。古人把在深秋盛开的菊花当作物候转变的标记，古代农事历《夏小正》有这样的记载：“鞠（菊）荣而树麦，时之急也。”意思就是说，菊花盛开该种植冬小麦了。

忽然，母亲叹息一声，然后说道：“那时应从菊花培植园里再多挑选几个品种，今天能看到的菊花品种就会更丰富了。”

“娘，这已经非常不错啦！”我安慰母亲，“每一朵都让我看得入迷，我想把它们都画下来。”

这时，父亲对我说：“舟儿，赏菊的第一层妙趣在于观赏它们的美，第二层乐趣在于欣赏它们的精神。晋代文人陶渊明用菊花来表达自己的心境：淡泊名利、不趋炎附势。那么，你从菊花身上赏到了什么精神呢？”

我思考了片刻，回父亲说：“爹爹您看，每朵花都开得多么饱满，它们为了绽放的这一刻也是付出了极大的努力的，所以我做事也要同菊花一样竭尽全力。”

父亲很满意。接着，他摘了一朵黄色的菊花簪在了自己的发髻上。

母亲微笑着说了句吉利话：“郎君，簪一朵菊花，延年益寿，辟邪消灾。”

重阳糕

赏菊过后，父亲和母亲约了朋友一起去开宝寺参加斋会。

东京的各大寺院会在重阳节这一天举行斋会，但开宝寺举行的狮子会最热闹，母亲说会有僧人坐在狮子座上听法师讲说。临走时，母亲取了些家里厨房制作的重阳糕装盒，准备送给友人。

万象糕、食禄糕

北宋时期，有一种重阳糕叫作“万象糕”，蒸糕上装点着很多个用米粉捏的小象。万象糕的谐音是“万象高”，寓意万事万物都能行好运。

还有一种“食禄糕”，是在蒸糕上装点着面塑的小鹿。鹿与“禄”同音，父母让孩子吃了这种糕，寓意着孩子长大后能食禄，也就是做官。

重阳蒸糕用米粉或者豆粉作为主料，再掺上些石榴籽、栗黄、松子等配料，捏成文殊菩萨骑着狮子的造型，往上面插上用绸布做成的小彩旗，样子别致，口感软糯。我和弟弟妹妹从重阳节前就开始吃啦！

过了一会儿，我们也要出门了。我们提前和二堂哥、堂姐们商量好了，一起去郊外登山。母亲嘱托来福帮我们准备好食盒，带到山上吃，还嘱咐我们穿厚实些。

结伴登高

二堂哥他们的马车终于来到了我家大门前，我们朝着郊外出发了！

我们聊着天，马车慢慢行驶过闹市区，来到了城门口。没有了繁华的商业景象，郊外的景物令我感到了萧瑟。

我们一到山脚下，堂哥、堂姐就风风火火地开始行动了。

我们选的这座山不算陡峭，山路比较平坦，我们很快就到达了山顶。

我望见一大片红叶爬满了山坡，还有一些叶子是黄色的，零星还有些泛绿的，颜色层次丰富，是秋天特有的浓墨重彩。

“没准儿哪阵风吹来，叶子就全落光了，那时就是入冬了。我们这次来，也算是‘辞青’了！”二堂哥说。

“喂——”二堂姐大声地喊着，声音飘出了很远。

我们也跟着呼喊了起来，在山上，感觉离天空很近。都说山是离神灵很近的地方，于是我也在心里祈愿，希望家人身体健康，自己学业有成，希望可以被神灵“听”见。

踏青与辞青

古人把重阳时的郊游活动叫作“辞青”，这正与清明节时的“踏青”相对应。清明时节，万物萌生，生机盎然，人们通过踏青来迎接夏季，而重阳节，草木开始枯黄、花朵开始凋谢，人们便要通过辞青来告别青绿。

辞青野餐

我们驻足欣赏着美好的景色，还采摘了茱萸（zhū yú）插在了头上。

看了一会儿美景，我就迫不及待地拿出了新买的风筝，带着弟弟和妹妹开心地放起了风筝。我觉得还是这种游戏适合我这种小孩子。

过了一会儿，堂哥、堂姐在地上铺了一块很大的布，拿出从家里带来的吃食。

哇，有好吃的！我也赶紧跑过去，打开母亲准备的食盒，里面有好几样重阳糕。堂哥、堂姐迫不及待地拿出重阳糕来品尝。

二堂哥倒了一杯菊花酒，这是用菊花和糯米酿造的，就是在重阳节的时候喝的。二堂哥前阵子刚行过冠礼——成年的男子可以饮酒。而我们其他人不饮酒，都喝起用花果和中草药调制的饮品。

天色渐暗的时候，我们下山回家了，这次美好的登山郊游回忆会在我心里温暖留存。

茱萸

同菊花一样，在古人的心目中茱萸也是重阳节的花。唐诗里就有所体现，如王维的《九月九日忆山东兄弟》写道："遥知兄弟登高处，遍插茱萸少一人。"还有杜甫的《九日蓝田崔氏庄》写道："明年此会知谁健？醉把茱萸仔细看。"两首诗反应了当时的人们重阳节有插茱萸的习俗。到了宋代，有登高和指茱萸的习俗。人们除了酿菊花酒，还会酿茱萸酒，在重阳节饮用，以求辟邪消灾。

来福的家

农历九月，万物萧瑟，天气渐冷。

这天，来福来向我母亲请假。他说自己的哥哥将要放授衣假，回家取御寒衣服，自己想趁这个机会回去跟兄长、母亲见上一面。

我母亲感到错愕，之前不知道来福还有一位兄长呢。

母亲询问道：“我只知你家原来是京城郊外的农户，不知你还有兄长在读书。”

来福回答道：“夫人，是的。前几年我父亲去世了，家中失去了劳动力，我兄长也说过不再读书的，但我母亲见他学业好，执意让他继续读书。母亲平时做些浆洗、刺绣的活计挣些小钱，维持家用。”

"噢，那这么说来，你没读书也是为了接济家里。"

"哥哥上学倒是不大花钱，而且有官家和商人的资助。我没有兄长聪明，还是让他读书吧！"

古代学生的假期

古代的学校会在固定的时间给学生放假，五月有田假，九月有授衣假。学生的假期源自官员的休假制度。农历五月正是北方小麦收割的季节，魏晋南北朝时期，由于官员多为农户出身，所以朝廷会在农忙时给官员放田假，以便他们回家处理农事。唐代规定给官员十五天田假，与此相对应，官学的学生每年五月也会放田假，但时间要长一些，有一个月之长，授衣假也是如此。

添置冬衣

母亲让管家取来一些铜钱，她亲手递给来福，说：“这些钱你带回去，给你兄长添两件厚实的冬衣，余下的交给你母亲。”

棉花

据《宋书》记载，棉花最迟在南北朝时期才传入我国，它在宋朝时还没有广泛种植，直到宋末元初才广泛地种植。所以，宋朝的衣物抗寒能力很低，穷人家会往衣服里填充一些芦花、杨絮来保暖，有钱人家则可以穿裘皮，用羽绒被子、兔毛被子等来御寒。

小厮的经济来源

古时候，给官员做贴身小厮的收入来源比较多，比如每个月的月例、主人的打赏，出去跑腿赚的外快，得到其他人的打赏，等等。所以，相对来说，官员的贴身小厮的经济收入较普通的农家子弟要好很多。不过，不好的地方在于小厮是要签卖身契的，等于其人身自由被捏在了主人手中。

来福连忙推让，不肯收下。他说：“平时您就对我很慷慨，我不好意思再让您破费。衣服是小事，我母亲自有办法，旧的补一补、改一改，就会变成新衣服的，不耽误穿。”

母亲说：“我并非同情你，而是同情你的母亲。她为别人洗衣服，到头来自家的孩子却穿不上一件新衣。我今天给你的铜钱只能帮个小忙，让你们家的生活改善改善。”

母亲的这番话令来福也不好再推辞，他向母亲作揖行礼，收下了置办新衣的铜钱。

慈善助学

母亲又询问起来福哥哥的学业情况。

来福说：“我没有去过哥哥的学校，倒是听哥哥说起过今年秋天就要参加解试了，要是考中了，明年参加省试（春闱）。”

母亲点点头，说：“但愿他早日考出功名来，好给你母亲带来好生活。”

来福接着说：“其实我们很幸运了，现在朝廷的助学政策好，贫困学生也能上得起学。听我哥哥说，和他一样的贫困学生有很多，官府专门为这些寒门学子减免了学费和膳食费，还提供了书籍、笔墨等。”

母亲说：“嗯，我也有所耳闻。朝廷设立了很多个贡士庄，经营收入都是用来资助学子的。”

我在一旁聚精会神地听着，忽然听到一个新名词，很是好奇，赶忙问道：“娘，贡士庄是什么？”

“贡士庄可以接受各界人士的捐款，再把这些钱款用于资助贫困学生上学。”母亲继续说道，“听说朝廷还拨款给学校置办了学田，学校可以把这些土地租赁出去收取租金作为办学经费，还可以把学田的余粮赠予学子维持生计。”

“这样很不错啊，贫困学生也能上学了。”我说。

这时，我想起来一件事，上个月爹爹差人把书房里的一些图书整理好，说是捐给学校。我跟母亲和来福说了这件事，来福听后连连赞叹：“官人的善举，造福学子，真是学子们的大恩人啊！”

我“扑哧”一笑：“来福呀来福，虽然你没读过书，但是嘴很甜，难怪我爹娘喜欢你呢！”

学子赴京城

这天上午，我正在书房里看书，来福请我到厅堂里，说是姨母家的表哥子喻到了。

早些天便听母亲说江南老家传消息来，子喻表哥通过了解试（秋闱），将要来京准备明年的省试，会住在我家里。

“娘，省试不是还有好久才开始吗？表哥怎么来得这么早？”

“有一些家庭富足的学子，或者是可以投奔亲属的，都会提前来京，这样可以提前熟悉环境、多多接触其他地方的学子，方便交流，同时也能知道更多关于考试的信息。不然等到快要考试时再来，找住的地方都成问题。”

啊！科举这么麻烦啊！我说这几天上街的时候，总能看见好多学子聚在一起呢，而且街上也格外热闹了，原来是这样啊！

可以异地参加科举考试吗？

在宋代，科举考试这样的大事跟“户籍”相关，考生要按地区报名参加。如果考生住在京城，来不及赶回家乡参加考试，要等下一次考试就三年之后了，那怎么办呢？好在大宋有规定，对于久居京城的人，可以通过本乡官员的担保，在国子监参加考试。不过，每个地区都有固定的录取名额，叫作解额。即使在东京城可以参加考试，但占用的仍是户籍地的名额。

了解考试规定

这一天，我正在父亲的书房中读书，表哥子喻过来拜会父亲了。

表哥说了一些他正在读的书，父亲给表哥讲了一些考试中需要注意的问题，还重点说了一下考试的流程。

搜身： 士子进入贡院时，要搜查衣服，防止夹带作弊的物品。

弥封：考官将考生的姓名、籍贯、家世情况等身份资料封贴起来，也称为“糊名”。

别头： 省试专设“别头试”，是把那些与各个考官有亲戚关系的人放到专门的考场考试。

誊（téng）录： 为了避免考生在试卷上标注记号，或者是阅卷的考官通过辨认字迹而有所偏爱，于是在考试结束后由专人将试卷抄录一遍再送审。

锁院： 在省试期间，主考官在受命之日起就要锁居在贡院内，以回避想要通融的人来请求，直到放榜以后才能恢复自由。

子喻表哥不仅认真地听父亲讲解，还提出自己的疑问，并仔细地把考试流程记了下来。我真佩服他的认真、严谨！

锁院

文考进阶图

科举制度创始于隋朝，到了唐代科举科目大增，宋代沿唐及五代之制，又有所发展变化，包括进士、诸科，还有武举。常选（正常的科举考试）之外，有制科（为选拔各种特殊人才设制的考试科目），还有童子科（为儿童、少年设立的考试科目）。进士科分为解试、省试、殿试三级。

第一阶：解试

解试是地方州府的贡院进行的考试，因在秋季举行，也称为“秋闱”。

在科考中，参加这一级考试的人最多，竞争也最激烈。通过了地方考试的士子们，才获得了“发解额”，随着地方向京师进贡的物资一起“发解”到京城，准备参加来年的春闱。通过解试的士子们都可称为“举人”，第一名称为“解元”。

第二阶：省试

省试是由尚书省礼部主持，在京师举行的全国举子考试，因为在春季举行，又称为春闱。

礼部负责确定解试合格人员的名单，审核考生资格，组织考试。合格举人由贡院放榜正式奏明朝廷。省试第一名称为“省元”。

第三阶：殿试

殿试是由皇帝亲自主持的考试，又称御试、亲试、廷试，是三级考试中最高的一级考试。殿试与省试相隔一个月左右时间，在京师举行。科举制度诞生之后，皇帝亲自主持考试的殿试，在唐代和北宋初都偶尔实行过几次，但没有形成制度化。

朝廷安排专门的官员负责出题、监考、阅卷等考试事宜。考试结束后，由皇帝主持唱名仪式，合格者被称为“进士”，进士等级分为三甲，一甲是考试成绩最优秀者，人数极少，其中前三名分别为状元、榜眼、探花。

恩科

宋朝为了笼络落第士人，皇帝特予推恩，凡解试合格而省试或殿试落第的举人，积累到一定的举数和年龄，不经解试、省试，即由礼部特予奏名，可以直接参加殿试，分别等第，并赐进士出身或官衔的一种科举制度。这项制度也称“恩科”。

不一样的科考

武举

武举听起来就跟武功有关，但是中武举的可不是空有一身武艺的人。

唐代确立了武举制度，通过武举选拔军事人才。宋代在唐代的基础上对武举进行了规整。武举包括三组考试程序，还有外场考武艺和内场考策论兵书，可见，武举的考试内容要更多一些，更具有针对性，从考的科目就可以看出来。

童子科

在宋朝，如果十五岁以下孩子智力脱俗，可以参加童子科考试，又称“应试神童”。北宋名臣晏殊，便是名噪一时的神童，他十四岁中进士，得到宋真宗的赏识。

谁不可以参加科举考试？

宋代科举考试是有限制的，简单说来就是：

犯过杖刑以上罪的不能参加考试，后放宽为徒刑以上；曾为僧道胥吏者不能参加考试，但其子弟可以；工商杂类不行，但“有奇才异行、卓然不群者”例外。因读书有成的基本都算，所以相当于对工商杂类并无限制；服丧者不得应举，此限制历经修订，定为“为父母、祖父母、伯叔父母、在室的姑服丧期间不得应举”，但不必服完三年，服满三个月就可应举；残疾人分为残疾、废疾、笃疾三等，其中残疾可以应举，其他不行。

大宋超好玩

萌娃宋朝游学记 4

李静敏 著
中采绘画 绘

文化发展出版社
Cultural Development Press
·北京·

图书在版编目（CIP）数据

大宋超好玩 ：萌娃宋朝游学记 / 李静敏著 ；中采绘画绘. — 北京 ：文化发展出版社，2024. 8. — ISBN 978-7-5142-4415-1

Ⅰ. K244.09

中国国家版本馆CIP数据核字第2024PG4507号

大宋超好玩：萌娃宋朝游学记

著　　者：李静敏
绘　　者：中采绘画

出 版 人：宋　娜　　特约编辑：吴新颖
责任编辑：肖润征　杨嘉媛　　责任校对：岳智勇
责任印制：杨　骏　　封面设计：李果果
出版发行：文化发展出版社（北京市翠微路2号 邮编：100036）
网　　址：www.wenhuafazhan.com
经　　销：全国新华书店
印　　刷：天津睿和印艺科技有限公司

开　　本：889mm × 1194mm　1/16
字　　数：240千字
印　　张：21.5
版　　次：2024年8月第1版
印　　次：2024年8月第1次印刷

定　　价：198.00元（全4册）
I S B N：978-7-5142-4415-1

◆ **如有印装质量问题，请电话联系：010-68567015**

目录

冬日随行必备——手炉

一天，弟弟和车夫来学堂接我。

他们刚到，正赶上学堂散学，我和我的同窗们正一起从学堂里出来。

“好冷啊！”我们一边走一边说。

“去年好像没这么冷啊！”另一个同窗搓着手说道。

“何止去年，从我记事起，就没有像今年这样冷过。”一个路过的同窗也加入了话题。

这时，弟弟看到了从学堂里出来的我，“哥哥，这里！”他挥动着手，努力让我看到他。

“这么冷的天，你怎么来了？”我说着，就赶紧钻进了车厢。

弟弟一看到我过来，就把小手炉放到了我的手中，我立马感叹了一声：“真暖啊！”

小巧精致、便于携带的手炉，是冬天必备的一个取暖用品。它是怎么发热的呢？手炉的中间是内胆，里面燃烧木屑，或是炭饼等其他燃料，热量透过金属的炉身发散出来，为了防止烫伤和更好地保持热量，内胆的外面还会有一个保护罩。

一路上，把手炉放进袖子里，这样，热乎气儿就可以温暖双手。

“嗒嗒嗒……”一阵马蹄声过后，我们到家了。

手炉的别名

古人喜欢把手炉放在袖子里或者怀里，所以它又有“袖炉”“捧炉”的雅称。手炉是什么时候出现的呢？关于它的身世，说法不一。有说是从春秋时期的楚国兴起的，因为楚地很潮湿，楚国人就将香草放到带孔的熏炉中点燃，以驱潮。也有说是从隋代开始有的，隋炀帝下江南时，因受不了江南的湿寒，便让工匠做了一个内置火炭的手炉来取暖。不管是哪种说法，都可见手炉是人们为了驱寒散潮而制作的，是灵活方便的取暖器具。

暖阁里头生火盆

回到家，我刚走到厅堂门口，发现来福已等候在那里。他帮我打开了格子门。

这种门没有障水板，从上到下布满了格眼，门里面还悬着竹帘子，是为了抵御寒风而安装的，等到天气暖和的时候就会卸下来。

“舟儿，回来啦，快到暖阁里去暖和暖和吧！”母亲每天都会在厅堂里等我放学，此刻，她正在唤我。

“好的，娘，您也来。”我邀请母亲一起到暖阁里。

暖阁就是在一个大房间里隔出来的一间屋子。暖阁中间会生起一个小小的火炉，也叫火盆。在比较小的空间里生火可以取暖，而且可以节省用炭。火炉的上面，有一个用竹篾镂空编织的罩子，能起到净化空气的作用，我们叫它熏笼。当火盆中放置木炭或煤炭，添加香草生火以后，便可把衣服或被子放置在熏笼上用来熏衣服、熏被子啦！也可以在火盆中放置香料用来熏香。这会儿，屋子里就有着好闻的香味呢！

我和母亲一同走进暖阁，弟弟妹妹正在里面玩呢，见我回来了，他俩都围了过来。

开炉日

每年农历十月初一是寒衣节，这一天标志着严冬的到来。普通百姓都会抓紧准备过冬的衣服，皇帝还会在这天赏赐大臣衣服。我父亲今年领了一身棉衣，他可高兴啦！这意味着得到了皇帝的恩宠。

寒衣节这天，还是后宫和各级衙门的开炉日，从这天开始会生火炉，直到第二年正月底为止。而在其他时间，后宫和各级衙门是不能随便生火炉取暖的。之所以这样规定，一是因为怕火灾，二是因为怕浪费燃料。听父亲说，每年开炉之后，大臣们要是正好在政事堂值班或是等候上早朝，都可能得到皇帝赏赐的温酒、热茶呢！

不过，百姓的家里想什么时候开始生火炉都是可以的，只要能付得起煤炭钱。

第一天开炉的日子称为开炉日。还记得那天晚上，我们邀请大伯父、三叔父他们全家过来，我们一大家子热热闹闹地庆祝了一番。我们围着火炉，喝酒的喝酒，喝茶的喝茶，吃点心的吃点心，聊天、唱歌、跳舞，嘻嘻哈哈地度过了一个愉快的“暖炉会”。

宋代的超级燃料——煤炭

早在汉代，中原地区的人们就已开始使用煤炭啦。但煤炭得到普遍使用，并可以在市场上买到，要到宋代。烧煤比烧柴先进了不少，煤的火力更强劲、持久。它的出现还带动了很多产业发展，比如制瓷业、冶铁业。从史料记载来看，熙宁七年（1074年）京师东窑务“出卖石炭，每秤定价六十文”，一斤煤炭的价格约合四文钱。

被子里的暖炉——汤婆子

到了晚上睡觉时，来福来到我房间里铺床，并放好了夜壶。

他跟我说：“大郎君，刚才我在床上放了汤婆子，你睡觉时就暖和啦！”

“好啊好啊。”我开心地说。

“翠莲还帮你新缝了个布袋子呢，那样式我看你会喜欢。”来福说道。

“先前那个棕色的有些老气了，我喜欢明亮的颜色——不知道是不是呢。过一会儿我看看。”我说道。

汤婆子是一种用金属制成的，外表呈圆形的壶。它的使用方法很简单，往壶里注入热水，然后拧上盖子，这样热气就被储存起来啦！使用的时候，把它塞到一个布袋子里，放进被子，这样就不会烫到皮肤，触感也更好。有了它，冬天我们钻进被窝的时候也不会觉得冷冰冰的了。

来福帮我准备完毕了还不忘嘱咐我：“大郎君，起夜的时候别忘记披一件衣服，免得受凉。”

“你放心吧。你也去休息吧。”我说。

诗词里的汤婆子

别看汤婆子只是一件小小的取暖物品，却被大诗人赞颂过呢！宋代诗人黄庭坚就有一首《戏咏暖足瓶》，“千金买脚婆，夜夜睡天明”。诗句里的脚婆就是汤婆子的别名，因为常被用来暖被窝，也叫作汤捂子、汤媪。汤，就是热水的意思；婆呢，就指好似有人陪伴睡眠。

扫墓诉哀思

寒衣节这天的一项重要活动是上坟，父亲带着我和弟弟去郊外的墓地给我的祖父母上坟。等我们到的时候，大伯父和堂哥们已经到了。他们正在打扫堆积在坟上和周围的树叶。父亲赶紧带着我和弟弟加入了打扫的行列。虽然天很冷，但是一会儿我们就已经忙活出了一身汗。看我们打扫得起劲儿，大伯父和父亲就去准备其他的东西了。

他们把从家里拿来的新酿的桂花酒，还有一些用今年的新谷子制成的糕点以及其他食物，都拿出来摆在坟头。不一会儿，那里就摆得满满的了。我们忙活得差不多了，叔父他们来了。他们也从家里带来了好多东西，一时间，祭祀的东西堆得满满的。

父亲、大伯父、三叔父站在墓碑前，对我们的祖父母诉说着思念的话语。我们几个男孩静静地听着，体会着父辈与祖辈之间浓厚的亲情。同时，仆人们在旁边给祖父母“送寒衣”。

寒衣节的来历

关于寒衣节的来历有很多说法，其中最有名的是“孟姜女千里送寒衣”。民间传说，在秦朝时，孟姜女新婚不久，她的丈夫就被抓去服徭役修筑长城。冬天来临，孟姜女千里迢迢为丈夫送去衣物御寒，没想到丈夫已死去，被埋在了城墙之下。孟姜女悲恸欲绝，哀号痛哭，长城为之崩塌，露出了她丈夫的尸体。孟姜女用带来的御寒衣物给丈夫殓葬，之后投海自尽。此后，长城内外的北方地区，人们便有了在特定日子给已故亲人送寒衣的习俗，人们用这种方式表达对逝去亲人的怀念。

写九

冬至快到了。这天，大风把树枝刮得乱颤，我们不能出去玩，只好待在家里。

弟弟和妹妹一无聊，就总是爱吵闹。

我实在受不了了。“我来教你们‘数九’消寒吧！”看着弟弟、妹妹好奇的目光，我又解释道，“冬至开始进入九九天，一九、二九、三九……每隔九天便数一次九，一直数到九九，这九九八十一日中多是寒冷天气，之后才迎来春暖花开的日子。”

“可是我不会写字！”妹妹噘起小嘴说。

“我会！大哥你说应当怎样做？”弟弟说。

我在纸上写上九个字——庭前看柳珍重待春风（風），每字均为九画，共八十一画。我把它送给妹妹，对她说：“从冬至开始，你每天按照笔画顺序描一个笔画，每过九天便可以描好一个字，直到九九八十一天之后，这幅九九消寒书法图就完成了。这叫作‘写九’。”

我也写了一幅送给弟弟，弟弟开开心心地接了过去，说：“都描完了就表示春天到来了，对吗？天气就不会这么冷了！”

“对，你还可以在每个字旁边记录这八十一天的天气情况。”

“那个嘛……我还不会写太多字，嘻嘻，不过，这些字等春天到来的时候，我一定会写了。”弟弟笑着说。

九九歌

一九二九不出手；
三九四九冰上走；
五九六九沿河看柳；
七九河开，八九雁来；
九九又一九，耕牛遍地走。

画九

妹妹不喜欢字，就噘着小嘴生闷气。

我笑着对妹妹说：“妹妹，不要生气，哥哥可是要给你一个惊喜呢，不信你看。”

说着，我拿出白纸，在上面画了一个花枝，接着，又在上面画了九朵梅花。

我对妹妹说：“看，这是消寒图，画的还是你喜欢的梅花哦！一朵花有九片花瓣，对应一个“九天”，你可以每天给一片花瓣涂色，等到这个树枝上开好了九朵花，就到春暖花开时节啦！”

“好啊！”妹妹看到图就跃跃欲试，立刻就想给小花涂上颜色了。

我只能极力阻止，最后，还是给妹妹画了其他的图，让妹妹来画，才将消寒图从她的“魔爪”下解救出来。不过，不知道这个消寒图到最后能不能成功地画完。

二十四节气

二十四节气是千百年来，中国古人的智慧结晶。它准确地反映了自然节律变化，对农耕生产有重要的指导作用。其中，冬至就是二十四节气之一，这一天阴冷至极，从这一天开始，北方阳气上升。数九和冬至有着密切的关系，因为数九就是从冬至开始的。

冬至的早餐

冬至这天，天还没亮，我们就兴冲冲地起床了。因为今年是大典之年，官家（对皇上的称呼）要到南郊的圜丘祭天，祈求农业丰收，国泰民安，皇家的仪仗队非常盛大，我们迫不及待地想去围观。

而吸引我们早起的另一个原因是这一天的早晨有热腾腾的馄饨吃。厨房里的李大娘包的馄饨香极了，圆滚滚的大肚子，馅料十足，尤其是今天这样的特殊日子，她会包特殊的“花样馄饨”。听名字就知道它的馅料不一般，里面有好几种肉，再加些蔬菜调配，有荤有素，足够“花”。而且呢，吃起来不腻，口感也很丰富。美美地吃过馄饨后，我和弟弟、妹妹就坐不住了，不断地向外张望，可是我们识趣地没有催促母亲快些出发。母亲看出我们的急切，吃完早餐便带着我们早早出门了。

宋朝的馄饨

大家可能不知道，宋朝时候人们吃的馄饨，更类似于今天的“饺子”，而他们吃的“馉饳（gǔ duò）”，和我们现在吃的馄饨比较相似。不过，宋朝人包的馉饳个头大、皮厚，造型像花骨朵一样。此外，宋朝的馄饨是穿起来烤着吃的。

皇家祭天仪仗

当我们来到南郊时，道路两侧早已挤满了围观的群众，比我们来得早的大有人在！大家都等着观看庄严气派的皇家出行。我和弟弟、妹妹个子太矮被人群遮挡看不见，仆人把我们抱住托举起来。这场面可真壮观，怪不得这么多人都冒着严寒来看热闹。

“来了来了，哥哥，哥哥，快看，有大象……”妹妹拉拉我的手，激动地说。

皇帝祭天祭祖

《东京梦华录》等文献记载了北宋时期祭天礼仪的详细情况。在冬至前三日，北宋皇帝开始准备祭天仪式，先前往太庙青城斋宿，然后于冬至前夜三更时分驾临南郊，举行祭天活动。祭天时，皇帝身着祭服，头戴二十四旒平天冠，身披青衮龙服，佩戴纯玉佩。祭坛高三层，共有七十二级台阶，坛面方圆约三丈。坛上摆放着“昊天上帝”和“太祖皇帝”的牌位。皇帝在坛上行礼，共进行三次。整个场面宏大壮观，军队、仪仗队、百官多达数十万人，都围绕在坛外。

记里鼓车

记里鼓车是古代用来记录车辆行驶里程的车，车上有两个木打鼓“人”，车每行一里，小“人”就敲一下鼓。后来记里鼓车越来越厉害，不仅能一里一记，还能十里一记。

看，大象在前面叮叮当当地走着，浩浩荡荡的队伍紧跟其后，远远地，传来吹吹打打的奏乐声，声音越来越响亮，我知道，皇上的玉辂马上就要过来了。一步一步，前行队伍的脚步好像踩在了我的心尖上，扑通扑通的……

“咦哦！”随着人群发出的一阵惊呼，我看到皇帝乘坐的玉辂出场了！它由六匹青色大马牵引，前后左右紧随着驾士、卫士、陪乘将军等各色人物，后面还跟着一辆副玉辂及一乘大辇，威严且壮观。我心中窃喜，我可以和我的小伙伴们吹嘘好久了。

全民娱乐——关扑

“哟！小不点儿们，你们有钱了，姐姐带你们去玩关扑吧？”三堂姐提议道。

“好呀！好呀！快走，我要赢这么多这么多好东西！”妹妹激动地用手在胸前比画了一个大圈。

说去就去，我们大家浩浩荡荡地出门了。冬至当天，大街上随处可见关扑摊子，每个摊子前的老板都笑盈盈的，他们说的话那叫一个妙语连珠，好像行人不玩一下关扑就错失了稀世珍宝一样。

三堂姐一马当先，奔向一个摊子就连掷了三次铜钱，可惜一个都没中。

“唉！手气真差，快换我，换我……”我们连喊道。

大家争先恐后地想要试一试，可是三堂姐还意犹未尽：“哼，我要玩个大的，不信这次还一个都不中。”说着，她拿出三枚铜钱闭着眼睛掷了出去，一边掷还一边念叨着：“中，中，中！”

“哈哈哈哈，我就说我运气不会一直这么差吧！快，老板，把东西拿过来让我好好挑挑。”

大家看三堂姐只用了六枚铜钱就换了两个中奖礼品，热情就更加高涨了。我们争先恐后地开始了一轮又一轮的游戏，欢呼声和失落的叹气声不断传来，不得不说，这个关扑游戏真的是很令人兴奋呢！

不过，我还记得父亲告诫过我，小赌怡情，不能沉迷其中。看大家玩得差不多了，我就拉着弟弟妹妹和堂姐，带着“战利品”回家了。

关扑

关扑是北宋很流行的博彩游戏。本来北宋的法律是禁赌的，但政府顺应民情，到了春节、寒食节、冬至等大型的节日会开放赌禁三天。这样一来，每到这三个节日，百姓就可以名正言顺地玩了。

有些商贩看准了这个商机，在摊位上陈设着冠梳、珠翠、头面、花朵、领抹、靴鞋等物品，吸引着游客前来。这些东西既可以花钱买下来，也可以通过玩关扑获得。

游戏规则：

一枚铜钱掷出背面，奖品可从小陀螺、小绢花任选其一。

三枚铜钱，其一为背面，奖品可从小陀螺、小绢花任选其一；其二为背面，奖品可从大绢花、磨喝乐、泥人、手绢、领抹任选其一；全为背面，奖品可从所有奖品中任选两个。

冬天小孩的服饰

刚过了冬至，第二天夜里就下雪了。一大早雪停了，三堂姐周蓉来我家，找我们到花园里玩雪。

她穿了一身裘皮衣裳。裘皮服饰是冬季御寒衣物里保暖性最好的，价格也很昂贵，我大伯家是商贾之家，有实力置办这样的行头。不过，穿上这样毛茸茸的衣服，周蓉看起来整个人大了一圈。

我问道：“三姐，你一会儿跑跳方便吗？”

周蓉笑着说：“不怕，那些跑跳的事由我指挥你俩呀！”

“没问题！”我爽快地答应了。

这时，我发现，周蓉穿戴着前几日在街上玩关扑赢到的那个领抹呢。领抹就是一种缝缀着花边，可拆卸与替换佩戴的领子，可根据服装的样式来选择不同的领抹，它能起到很好的装饰作用，并且不换衣服就能让服饰有所变化。到了节日里，女子们争相媲美谁的领抹更亮丽。

我母亲也走了过来，夸奖周蓉的打扮：“蓉儿，这身打扮很衬你，真是俊秀。”

周蓉听了夸赞竟有点儿害羞起来，嚷嚷着催我和弟弟赶快穿了衣服出去。

我和弟弟穿的是毛毡的衣服，也很暖和，我们还戴了暖帽，装扮得严严实实的，还带了手炉。

雪地里的游戏

“哇哦，下雪啦！”刚出门，弟弟就欢呼起来。

花园里所有的树木、假山、石桌上都覆上了一层白色，地上也全是积雪。弟弟跑到一棵树前拍了拍树干，树干上的积雪被抖落下来。他还不过瘾，又去晃别的树去了。我们很开心地玩了一阵“拍雪”。看着地上那些新落下的雪，就好似给原本的雪地上撒了一层面粉！我们仨笑成一团，接着嬉戏追赶起来。

等我们喘着气停下来，我提议道：“不如我们来堆个雪狮子吧！”

“不要！我要堆雪山！”周蓉说。

弟弟看看我，又看看周蓉，站到了她那边。

“哈哈！听我的，堆雪山。”周蓉果然是个孩子王，刚才她给弟弟使了个眼色，弟弟就乖乖地听她的了。

那我就少数服从多数吧！我们找来几样平时侍弄花草用的铲子、小桶之类的工具，把花园周围的雪收集、聚拢到一处。

不大一会儿，雪山就显现出雏形了。我们用铲子把雪拍结实，看起来雪山已经非常坚固了。但周蓉还嫌雪山不够高，又叫我们两个“运输工”运来了好多雪，直到听见弟弟说：“这雪山都比我的个子高啦！”

好啦，大功告成！我们三个高高兴兴地坐到了雪山顶。哇，这还真像是唐诗里说的“会当凌绝顶，一览众山小”！

今天我们去祝寿

腊月里的天真冷，不过，今天我要跟父母参加一场特殊的寿宴，今天的寿星顾伯爵可是七十岁了呢。

这是我听说过的过寿的最高年龄了。我父亲曾经得到过顾伯爵的提携，父亲对他充满了感激，平日里也常带着礼物去看望他，他的寿辰更是不能错过啦！

老人大多是从六十岁开始过寿，通常重视整数，如六十岁、七十岁、八十岁等，逢十则要大庆。因此，顾伯爵七十岁的寿辰想必会是相当隆重的。

我父母相当重视这次祝寿。出门前，我们都换上了正式、庄重的衣服，母亲特意佩戴了几样华丽的首饰。在路上，母亲叮嘱我要注意礼仪，我都一一记在心里了，心想：“一定要好好表现，回来可以跟弟弟妹妹说呢！”

当我们到达伯爵府时，大门前已聚集了不少人。几位客人已在我们前面到达，仆人们有的在围墙下安顿着马车、牛车，有的在搬运带来的寿礼，很是繁忙。我父亲见到了相熟的官员，彼此寒暄。接着，顾伯爵家的仆人引领我们进了院子。

宋代的爵位制度

宋代爵名沿唐及五代之制，其等级屡有变化。北宋前期有十二等：王、嗣王、郡王、国公、郡公、开国公、开国郡公、开国县公、开国侯、开国伯、开国子、开国男。宋神宗朝定为九等：王、郡王、国公、郡公、县公、侯、伯、子、男。宋哲宗朝为十等：王、嗣王、郡王、国公、郡公、开国县公、开国侯、开国伯、开国子、开国男。南宋时为十等：王、嗣王、郡王、国公、开国郡公、开国县公、开国侯、开国伯、开国子、开国男。

喜庆的寿堂

在仆人的引领下，我们走进大门。虽然从外面看可判断出这是大户人家，但是走进去后，这里的宽敞、阔绰仍令我十分震撼！

伯爵府是一个四合院，四个方向各有一排房间，形成一个正方形的整体。四排房间以庭院为中心，相互连接。庭院里栽种着槐树和柏树，它们的枝头上还挂着前些日子下的雪呢，一层层积雪让它们显得银装素裹。正对着主屋，有一棵石榴树，石榴是多子多福的象征。

宋朝人的四般闲事

宋朝人富有生活情趣，尤其是文人士大夫们。你知道当时的“四般闲事”都指的是哪四个吗？即焚香、点茶、挂画、插花。这四样“闲事”也是“雅事”，是宋朝人的一种精神追求。

堂室结构

古代的家居建筑多为堂室结构。堂在前，室在后。古人要是想去卧室，要先进入门堂，登上堂阶，再走过厅堂。厅堂前的台阶被称为堂阶，堂阶越高，表示着主人的身份地位越高贵。古人的厅堂和现代人的客厅类似，有会客的功能，通常是整个家居建筑中最宽敞的空间。而对于卧室，古人出于取暖和风水方面的原因，则不再追求地方大小，卧室面积通常小于厅堂。

经过了门厅，登上了高高的堂阶，我们终于进入了厅堂，今天举办寿礼的寿堂就在这儿了！

厅堂里的布置很是讲究，对称摆放的家具，显露出庄重、高贵之感。墙上挂着一些精美的画卷，让人不禁感叹主人的品位和艺术修养。

为了举办寿宴，这里经过了精心的布置，摆着寿烛，放着花篮，挂着寿幛，贴着寿联，还有一缕缕的香烟飘散着，这里处处散发着喜庆的气息。

寿堂中放置着一面有着山水绘画的大屏风，屏风的一段，有一幅人物画。我定睛细看，那画上的人物和在屏风前的太师椅上坐着的长者是同一个人。屏风前有一张茶桌，放着茶盏和飘着热气的茶水。

拜寿的礼品

屏风前坐着的一位精神矍铄的老者，就是顾伯爵啦。他身穿华服，喜笑颜开，接受着来客的拜贺。寿堂里欢声笑语不断，大家纷纷献上寿礼，表达对顾伯爵的敬重和祝福。

随着一个又一个的寿礼盒子被献上，我看到了各种奇珍异宝、精美瓷器和华丽服饰等，还有专门为寿辰准备的食物，如寿桃、寿面和寿糕等，让人目不暇接。

我父亲向伯爵行揖礼，拜了四次，母亲和我也一起行揖礼。而后我父亲对伯爵说道：“伯爵，我携家眷给您祝寿了。”

父亲说完，我接着说道：“伯爵爷爷，平日里听父亲提起您的成就和为人，我心里十分敬重您。今天我能来参加您的寿礼荣幸之至，祝您龟鹤延年！”

伯爵听完，对我父亲说：“周勤，你的长子气宇轩昂，机敏过人，将来定能金榜题名。”

“伯爵过奖了！”我父亲谦逊地说。

我父亲拿出了准备的礼物，是一面由名家绘的寿星屏风，这会儿，正请两名仆人抬了进来展示。伯爵收下这份礼物，赞不绝口。父亲用心良苦，这面屏风不但表达对老人的敬重和祝福，而且寿星很喜欢。

等大家献礼完毕，伯爵发表了一通慷慨激昂的致辞。他说今天还得到了皇帝的祝福，虽然皇帝不能到场，但是他已感激不尽！他也很感谢今天到场的诸位官员和亲友对他的祝福。

宋代人祝寿爱说什么样的祝福语？

宋代寿词中经常用“龟”“鹤”来比喻高寿。给人拜寿说的与长寿有关的祝福语有“龟年鹤寿”“鹤发龟龄”“龟寿延年”等。

饮酒和节目

在宴会上，喝酒才是王道。我看见父亲和寿星他们那桌，总是让寿星先喝，来宾们跟着分次干杯。

每次行酒，乐队会奏乐或表演节目，大家边喝着寿酒边看节目，真是开心极了！

刚开始，喝酒的节奏特别慢，每喝完一杯酒，服务的仆人就给换上一道新菜，同时把桌上的旧菜撤下去。如果旁边还有乐队伴奏，演奏的曲子也得跟着喝酒的顺序来，喝完一杯酒，就得换一

支曲子，显得既庄重又隆重。

不过，等喝到了后面，就不用再遵守刚才的规则了，大家随便吃喝玩乐，宾主尽欢。

历史上最隆重的寿宴

清代的千叟宴是中国历史上最隆重的庆寿敬酒活动之一。在康熙和乾隆皇帝在位期间，共举办了四次千叟宴。乾隆四十九年（1784 年），乾隆喜添五世孙，当时四海承平，天下富足，因此定于乾隆五十年正月初六在乾清宫举办盛大的千叟宴。出席宴会的有三千余人，其中年龄最小的也有六十岁。在宴会期间，乾隆召一品大臣和九十岁以上的老者到御前，亲自赐酒，又命皇子、皇孙、皇曾孙在殿内依次敬酒。

雪天里少不了的火锅

外面下雪了，雪花像棉絮一样飘飘落下，这样的天气，要有火锅才更配。

母亲邀请了伯父一家来我们家享受一场火锅盛宴。只见侍女们捧着装满环饼、油饼、枣塔的看盘，以及各色水果，生葱韭蒜醋碟，还有酒、浆水等饮品，依次进入厅堂，放到桌案上。

火锅我们经常吃，不过，今天母亲不知道在哪儿学到了新花样，竟然安排了回转火锅，我还是第一回吃呢。热气腾腾的铜锅一上来，瞬间觉得给寒冷的冬日里增添了温度。

北方古人在冬季能吃上蔬菜吗？

在立冬前，生活在北方的古人会利用地窖存储过冬的蔬菜，这些蔬菜成为一整个冬天的主要蔬菜。宋朝时，市场上也可以买到新鲜的蔬菜，那时的农民已学会利用粪土热力与保暖的作用，种出“反季节栽培”蔬菜。因此，即便到了冬季，宋朝人的餐桌上也会有丰富的蔬菜品种。

"看，上菜了！"弟弟激动地小声跟我说。
我看弟弟激动的样子，笑了笑，等菜到了近前，先给他夹了一些放到碗中。
弟弟笑得更开心了。做哥哥的还是最心疼他的。
我们涮的菜种类繁多，有鱼、肉、蔬菜、豆腐等。汤底是用鸡、鸭、牛、羊等多种肉类熬制而成的高汤，里面还加入一些中药材，比如人参、枸杞、当归等。

让人念念不忘的烧烤

天太冷了，我和小伙伴们不能总是跑出去玩儿了，只能躲在屋里学习。

我们的话题也从玩儿慢慢变成了吃。

要说我们的共同爱好，就数烧烤当仁不让了。烤鸡肉、烤羊肉、烤猪肉……烟熏、火烤、炭煨和石烹，哎呀，真令人垂涎三尺。要说最好吃的，也最令我们难忘的是母亲带我们去夜市上吃的“旋炙猪皮肉”。商家把猪皮放到炭火上烤，猪皮上还带着一丝丝的肉，咬一口，既有烤肉特有的烟火味，又有猪油独特的香味，又有嚼劲，简直令人回味无穷。

有家在乡村的小伙伴跟我说，在乡下，冬天的时候孩子们还会偷偷跑到河边砸冰窟窿抓鱼，去山上捕鸟，运气好还能抓到野鸡……听起来，他们冬天的日子好像比我们更丰富多彩。我们还约好了，下一个冬天一起去他家做客。

医药铺

最近几天连续下雪，我很不幸地受寒、生病发烧了。以我们现在的医疗条件来说，像我这么大的孩子发烧是很可怕的事情，那是可能要命的。母亲赶紧派人去请大夫。

我很难受，不过，我知道大夫很快就会到的，因为东京的医药铺遍布大街小巷，人们想要买药、看病是很方便的。要是需要郎中出诊，我们只要去药铺里，把郎中请到家里就可以了。还有一种江湖郎中，他们在街头巷尾行走，随时随地给人们看病。

贫困百姓去哪儿看病？

在北宋，贫困百姓可以去太医熟药所看病，那里有朝廷出资的各类药材和丸剂、散剂等。如果病人需要住院，可以去安济坊，那里可以提供长期的诊治和护理。不管是药局，还是安济坊，都是朝廷提供的医疗福利，极为贫困的百姓看病、买药都不用花钱，对于一般穷人，则低价售药。

在京城，抓药也很方便，太医局熟药所是官办药局，药材齐全，品质有保障，我们常去那里买药。还有很多民营的医药铺，医药铺最集中的地方要数马行街了，那里有很多骨科、儿科、产科、口齿科等专业医药铺，其中有几家已是久负盛名的老字号了。

除了固定店铺，在闹市里，还有一些流动的卖药摊儿，兜售香药、膏药之类的。这些摊主常常打着祖传秘方的招牌，有时候还会用赠送药品等方式来吸引顾客。

郎中来了

等到我再睁开眼时，一位郎中正坐在我的榻边，给我把脉呢。

这位是张郎中，我和弟弟妹妹生病时，母亲都是请他来给我们看病。张郎中以前是太医局的学生，太医局是官办医事机构，也是学医人的最高学府。太医局分九科，有大方脉、小方脉、风科、眼科、产科、口齿兼咽喉科、针兼灸科等，每一科都出了很多医术高明的郎中。

见我醒过来了，他问道：“小衙内，现在感觉怎么样了？”

我刚要开口说话，却咳嗽了起来。来福给我递上水，我喝了几口，不咳了，便慢慢说道：“先前头痛得厉害，睡了一会儿感觉好点儿了，身体关节疼，感觉有些冷。”

张郎中对我母亲说："夫人，小衙内受了风寒，我给小衙内施针降温，然后请您差人随我到铺上取几味药来。"

"好，来福你随张郎中去开方抓药吧。"母亲说道。

来福应着。我瞥见母亲的眉头微蹙着，估计是很担心我的病情。

瘟疫

母亲送张郎中出去，他们在我屋子门前聊了几句，我听得真切。

母亲说：“我听舟儿父亲说，近来东京周边发生了瘟疫，眼下天干物燥的，舟儿这又生病，我很是担心。”

张郎中回话：“夫人，小衙内是害了风寒，我回去配个方子，连续吃上五六天就可好转。”

母亲又说：“嗯，如是这般就好了。你来看过诊了，我也放心了。”

张郎中又说：“鼠疫闹了有一阵子了，听说朝廷已拨款赈灾，而且对灾区严加防控，一律不许进出，目前东京城内还没有出现病例。”

母亲：“噢，那还好。明天我再去大相国寺烧香祈愿，舟儿的父亲也捐了些款。希望疫情早日过去。”

随后，我听见他们的脚步声远了，我也在心里默默地想，希望自己赶快好起来。

古代发生瘟疫，朝廷会采取什么救治举措呢？

宋朝是个经常发生瘟疫的朝代，当时的医疗条件还不完备，不过，当时各级官府已经有很好的防患意识了。当局将传统的赈灾方式与时兴的医药知识等结合，用于防治瘟疫。比如，当局派太医局等国家医事机构的医官去往灾区进行诊治，发官府药局制造的成药，或朝廷赐钱给地方官府从药铺购买药物。为了防止传染，还会按照轻重症病人进行隔离，其中安济坊还收治大量的轻症病人。一旦出现因病致死的，便及时掩埋尸体。官府还会以宣传教育的方式，规劝民众有病服药、依方治病。

腊八粥

转眼就到腊八了，我的病已经完全好了，又能开心地喝美味的八宝粥了。不知道今年的八宝粥味道是怎么样的，每年厨娘都会用尽浑身解数，做出美味的粥。

喝了两口粥，真美味，不过，我还是对去年喝的腊八粥印象更深。

“娘，今年能喝到寺院的腊八粥吗？那个粥的味道好特别。”我眼巴巴地望着母亲。

母亲好笑地看着我，微微点点头，说：“寺院会馈赠一些给施主、香客，今年我们也多煮一些送给亲友。”

腊八粥原材料的演变

宋代兴起了喝腊八粥（又称七宝五味粥）的节俗，到了明清时期，这一节俗得到了蓬勃发展。明清的腊八粥与宋代的七宝五味粥食材——胡桃（核桃）、松子、乳蕈（乳菇）、柿（柿饼）、栗（板栗）、粟（小米）、豆（小豆）——有所不同，有“粗腊八”和“细腊八”之分，因地域不同也有所区别。细腊八主要有薏仁米、核桃仁、桂圆、莲子、百合、糯米、红枣、菱角等原材料，粥里面还要放上雕刻精美的粥果。

母亲说完，我觉得有些疑惑：“为什么寺院会给香客送粥？我记得父亲跟我讲，这一天在以前是和皇家祭祀有关啊！”

母亲告诉我，相传，有一个牧女给因饥饿昏倒的佛教创始人佛祖释迦牟尼一碗粥，释迦牟尼吃下后醒来顿悟成佛。而这一天刚好是腊八。于是，以后每年到了这一天，寺院就用煮腊八粥的形式来敬佛，渐渐地，在民间也流传开了。”

哦！我明白了，腊八真是一个充满传奇色彩的日子。

送腊药

腊八节这天早晨，我还陪着父母去寺院里烧香、诵经了。

回来的路上，母亲提议：“听说王家药铺新进了一批香药，我们去买些吧！”

父亲听完欣然应允，我当然也很乐意啦！平日里很少有机会和父母一起逛街。

街坊间市声鼎沸，叫卖声此起彼伏，我们的车子也只能缓慢地行进，礼让行人。

我从车窗向外看去，沿途的药店向行人馈赠“腊药”，也有店家递给我家车夫用纸打包好的药材包。

往年我们也收到过这样的药材包，里面一般装的是虎头丹、八神、屠苏等常见的保健药材。包药的纸上还会印着店铺的名称，以便人们用得好再来光顾。

“迎傩（nuó）”的祭神队伍

腊八这天，还有人组织“迎傩”祭神队伍。这支队伍里，有人装扮成神鬼、判官、钟馗等，也有人专门负责敲锣击鼓，好不热闹。他们去到别人家里，会给主人家跳驱傩舞，乞求利市。主人为图吉利，会给他们一些钱财。

货郎来了

腊月初八以后，我们学校放假啦！这次的假期持续一个月之久，要到正月才开学。这样一来，我就有了很多时间在家玩儿。

家里的玩具有很多，但每当有卖货郎经过家门口时，我和弟弟妹妹都会按捺不住，想要出去再买些新鲜玩意儿。

这天，弟弟惊喜地喊我：“哥哥，货郎来了！”

我侧耳一听，是呀，的确从门外传来了货郎的吆喝声！

我们三兄妹欢呼着向门外冲了出去。

只见一位年纪有些大的货郎推着小货车往前走，走到一片空地上便停下来。他的车上满满当当的，都是吸引小孩子的东西：风车、拨浪鼓、灯笼、棋盒、小球、挂画、帽子、围巾、糖葫芦、花灯笼等等，有玩的，有穿的，有吃的……

不仅如此，货郎还用自己的身体当货架，在胳膊上、肩膀上、腰间都挂上了货物，进行展示。

不一会儿，货郎就被附近的小家伙们围住了。

千千车

我们在货郎的摊位附近玩起了千千车。

千千车，也叫陀螺，是一种圆盘状玩具，有用象牙制作的，也有用金属、木头制作的。我们买的这个是木头的，做工很讲究，上面还镂刻着山石的花样呢！

弟弟还在小声说："比刚才那个好呢！"

我嘿嘿一笑，说："这算是给你的奖励。"

千千车的下方微微隆起，在中心凸起处，装着一根铁针。玩的时候，我们先用手让它旋转，它就在地上飞速旋转起来了！

我们各自玩儿了一会儿，决定进行比赛。在地上，我们画了一小块区域，如果谁的千千车旋转出界就算是输了，这样很考验我们对手劲儿的把握。

弟弟输给了我，他很不服气。他跟我说：“哥哥，如果明天天气好，我们再来比赛！”

我愉快地答应了，今天我也没玩儿过瘾呢！

祭灶君的缘由

腊月二十四，是新旧交替的时刻，所以也被称为“交年”哦！

清晨的阳光洒在厨房里，我家的仆人们就像一支热闹的乐队，正在上演祭拜灶君的大戏。今天，我们要祭拜那位平日驻扎在厨房里的灶君。

据说，这位灶君老爷可是家里的监察大员，他掌管灶火和饮食，无时无刻不在关注着我们的所作所为，比如是否爱惜粮食等，无论是善是恶，他都一一记录在案。

到了年底，这位勤奋的老爷就会把这些记录整理好，等到腊月二十四日便回到天宫向玉皇大帝汇报工作。据说，玉皇大帝会作出裁决，给人们或者发放奖赏，或者施加惩罚。所以呢，每家每户都很重视祭灶君这件事，人们都想尽办法讨好灶君老爷，希望他回天宫后能多替自己家说些好话。

美食美酒献灶君

早上，我父亲携同我和弟弟来拜灶君。

灶台附近的供桌上，已经准备好了丰盛的祭品，有熟猪头、胶牙饧（xíng）、五色米食和各种花果等食物。

当然，祭祀少不了好酒！父亲从注子里倒出一杯酒，然后恭恭敬敬地行揖礼，把酒敬献给灶君。

这时候，一个男仆正在用酒糟涂抹灶门。

我好奇地问：“这是干什么呢？”

他回答：“大郎君，这叫作‘醉司命’。”

“是让灶君喝得醉醺醺地上天吗？他晕晕乎乎的，就不会说对我们不利的话了对吧？”我说出自己的想法。

仆人抿着嘴笑：“大郎君，你真聪明。”

接着，仆人又用胶牙饧（麦芽糖）祀灶君。他一边这样做，一边念叨着：“辛甘臭辣，灶君莫言。”

我心想：这胶牙饧的黏性很强，估计灶君吃了嘴巴都张不开了。一旦开口呢，吃了如此甜蜜的糖，估计也不好意思说我们坏话啦！

“赶乱岁”

从腊月二十四到除夕前，各路神仙都被“送”走了，新灶君也还没有下凡，这段时间，叫作赶乱岁，民间无人看管。

我们平时清扫可不是想哪天就哪天的，总是要选择吉日才能进行，而且也不敢过度翻腾，生怕惊扰、触犯了“神灵”。但是在赶乱岁这段时间就不一样啦，我们打扫就不用忌惮了，可以不用选择吉日，任选一天都可以。

而且，这时候打扫卫生可以彻彻底底、无拘无束，把屋里上上下下、壁柜内外，还有屋外的院子、花园、茅厕……每一个角落都清扫干净。

宋朝人的厕所干净吗？

儒雅的宋朝人很重视厕所的卫生，为了避免异味，茅厕里会摆上香炉，袅袅的香雾多少能掩盖一些不好的味道。如厕之后，宋朝人还会用他们特制的“洗手液”——草木灰兑水调制的灰水来洗手。草木灰是植物燃烧后的灰烬，呈碱性，古人发现它有很好的去污渍的效果，所以，经常用它制成灰水洗手、洗澡、洗衣服。

年末的大清扫

我母亲非常重视年末的清洁。每年的这个时候，她都会提前几天就开始张罗着安排仆人们进行大扫除。今年也不例外，一大早她就起床开始忙碌起来，让仆人们给家具、字画、祖先牌位等所有的物品进行扫尘，还有室内室外的地面也要打扫干净，忙得不亦乐乎。

最难打扫的是后院的花园，空间太大，打扫起来很费时。仆人们忙里忙外的，打扫了一上午才算有些眉目。看着那些被清理出来的杂草和垃圾，我们都感到一阵欣慰。

还有几个仆人负责修整破损的墙面。这座宅子，从我出生起就住在这里了，历经风霜，难免有些破损。母亲感叹着：“等开春天气好了，我们要把房子装修装修了！”

母亲还让大家把房间里破损的东西都检查了一遍，赶在除夕之前修理好，这样才能讨个吉利。仆人们个个都很尊重我母亲的意见，按照她的安排进行了细致的修补。

几位侍女把家里的衣服都拿出来清洗、晾晒。冬天里天气寒冷，洗好的衣服不好晾晒，我们通常是在院子里沥水，然后拿到屋里去晾干。等衣服彻底干透了，再收进柜子里。

经过这番打扫和修整，我感觉家里变得更加通透了，可以整整洁洁地迎接新的一年啦！

年货大采购

腊月二十四以后，人们开始上街采办年货啦！这个时间刚刚好，买回的东西可以放上几天，到了除夕、初一时吃，也不会腐坏。

街市上的商铺里卖的物品可丰富啦！有新鲜的冬季时蔬，比如撒佛花、韭黄、生菜、兰芽、勃荷（即薄荷）等，有胶牙饧、泽州饧等糖果，也有各种海鲜，还有羊肉、猪肉、鸡肉、鸭肉等肉类。

当然，还少不了卖过年用品的。如印制的门神、钟馗、桃符，以及财门钝驴、回头鹿马、天行帖子等年画，这些过年的必需品应有尽有，到了街上尽管挑选自己喜欢的。

这段时间上街买东西，会收到店铺老板赠送的小礼品，这是店老板对老主顾的答谢礼。

做新衣

过年的年货买齐了，我们再去成衣铺里量体裁衣，做上一身新衣裳，就等着过年啦！

不久，翠莲从成衣铺取回新做的衣服，让我们兄妹三个试试合不合身。

“好呀好呀！”妹妹积极响应。然后，侍女领着她回房间换衣服去了。穿上新衣服，她出来转着圈儿给我们看，非常满意。

“小娘子穿得真美！”翠莲赞叹着，接着又提醒，“你若试好可以换下了，初一早晨再穿新衣。”

她又问我和弟弟：“大郎君、二郎君，你们的衣服合身吗？若不合身可以再去裁缝铺修改。”

“合身。”我抬起手臂感受衣袖的舒适度，回应着。

翠莲走近来，帮我和弟弟仔细地看了一番，然后说：“这家裁缝铺的手艺真不错，新衣服两位郎君穿上都很合身。”我们脱下了新衣服，侍女把它们叠好，分别放到我们的房间里，等到正月初一早晨再穿。

成衣铺

宋朝的时候，做衣服的店铺叫成衣铺。宋朝女子多会女红，即使是普通的百姓，也会简单地缝制衣服。一般富贵人家有专门做衣服的人，但是他们偶尔也会去成衣铺做衣服。而百姓则多是自己买布来缝制衣服，只有在有特殊需求的时候，才会去成衣铺做衣服。

挂桃符

年三十的早上，我看见了母亲，就走过去对她说：“娘，您在这儿呢！咱家的桃符换了吗？今年我想跟您一起挂。”

母亲回答：“走，我们现在去。”

仆人们取了桃符跟我们一起朝大门走去。“挂桃符”是我们宋人过春节很重要的一个仪式，每年都要摘下上一年的，换上新的。

桃符就是挂在家宅的大门口两边的桃木板，上面会有镇宅保平安的“符”，也就是门神像。门神像可以是雕刻出来的，也可以是画上的，还可以是印刷出来再贴上的。

母亲说：“看看，你爹爹夜里点着灯亲手画的神荼（shēn shū）和郁垒（yù lǜ）。”

门神钟馗

宋朝还流行另一种门神形象，那就是钟馗。早在唐代的时候，画家吴道子就曾奉唐玄宗的旨意画了《钟馗捉鬼图》，是钟馗最早的形象。五代十国起，民间在新年挂钟馗画像驱鬼辟邪的习俗变得普遍。到了宋代，人们继承了贴钟馗画像的风俗。所以，每年过年的时候，在东京的大街小巷，很多人家会贴钟馗画像。

关于神荼和郁垒的传说我早就听过了。他们是上古时期东海朔山的大桃树下的两名神将，负责把守鬼门关。如果遇到恶鬼，他们就会把恶鬼捆起来，投喂给猛虎。

对于这两位常年驻守在我家大门旁的门神，我自然很是熟悉。但今年还是头一次看到爹爹亲笔绘的门神像，感觉非常独特。

丰盛的年夜饭

除夕这天晚上六点左右，年夜饭开始了。我们全家人围坐在桌前，享用丰盛的菜肴。

今天的主菜是盏蒸羊，就是把羊肉切成大片蒸熟，口感酥烂，香气醇厚。

有一道菜叫炉焙鸡，鸡肉色泽金黄，看起来就很好吃。还有一道菜叫“假蛤蜊”，这道菜其实是用鳜鱼做的，口感似蛤蜊，味道又有鳜鱼的鲜美，很是美味。父亲和母亲喜好吃素菜，因此厨房还特意准备了一道豆腐菜，这道菜里面还加了香榧（fěi）粉、黄豆酱同煮，味道层次很丰富。还有除夕年夜饭的特色小吃——馎饦（bó tuō）。馎饦的做法有很多，今天我家厨师用了一种新做法——红丝馎饦，这是用虾肉和面粉混合做成面条，再加汤一起煮。

馎饦是种什么东西呢？

馎饦是古代一种面食，北魏著作《齐民要术》里说馎饦是将拇指粗细、两寸许长短的面团按压成薄片，用沸水煮熟后，面片极为光洁滑嫩。宋朝时的馎饦，据记载，是汤饼的一种，也就是面片汤。

年夜饭上的酒品

过年是要喝屠苏酒的。平时我们小孩子是不能喝酒的，但过年孩子们也要饮屠苏酒，可以象征性地饮用一点点。一般饮酒的次序是由长及幼，以示对长者的尊敬，但过年饮屠苏酒正好相反，要从幼至长。这是因为小孩过年增加了一岁，大家要祝贺他；而年长者过年则是生命又少了一岁，就往后拖一点时间再喝，含有祝他们长寿的意思。

父亲对妹妹说：“汶儿，祝贺你又长大了一岁。”

妹妹喝了一点点屠苏酒，随后是弟弟，然后是我。

接着，母亲、父亲也喝了屠苏酒。我们一边喝酒，一边品尝着一道道美味的菜肴，天色越来越黑了。我们听见外面响起了噼里啪啦的鞭炮声！

弟弟说：“我们吃好也去放鞭炮吧！”

屠苏酒

屠苏酒也称岁酒，因为屠苏酒是春节时饮用的酒品。将大黄、白术、桂枝、花椒等中药一起浸入酒中制成屠苏酒，有驱邪避瘟疫、延年益寿之用。

点灯烛、放爆竹

年夜饭结束后，我们全家都到院子里。一阵阵炮仗声，轰隆隆，此起彼伏，像是打雷。因为过年，我家院子里也特意点上了很多灯烛，本来就把院子照得亮堂堂了，此刻再加上烟花爆竹的流光溢彩，看起来就像白昼似的！

在过节时放爆竹，主要是因为我们认为爆竹的巨响可以驱鬼辟邪，也有祈福纳祥的寓意。

父亲说："你们看那边爆竹声最响，应该是宫里在放烟花呢！"

我们抬头远望，在一阵阵噼里啪啦的巨响中，华丽的烟花在天空中绽放，皇家的炮仗果然不同寻常。

过了一会儿，又看到一大片红烛烟花，父亲说那个方向是夜市。有很多人到夜市去放鞭炮和烟花，不大一会儿，东京的上空，被五彩缤纷的礼花覆盖了，大街上不时地听到人们发出的一声声欢呼、惊叫，整个东京城成为欢腾的海洋。

宋代的爆竹品种多吗？

宋朝火药技术发达，人们利用火药制成响亮的炮仗、璀璨的烟花，用于节庆典礼。宋朝的爆竹品种有百余种，单响、双响、连响，各种响的都有，制造技艺也达到了很复杂的水平，比如屏风炮仗，外面画有钟馗捉鬼之类的图画，内藏引线，一旦点燃引线，一连几百个炮噼里啪啦响个不停。

守岁之俗

除夕夜，我们全家人围着火炉团坐，彻夜不睡，一起守岁。桌上放着消夜果儿，还有各种色彩的点心，比如五色豆子、蜜饯、糕点等。

我们一家人团聚在一起，吃着喝着，聊着家常。

关于守岁的含义，母亲给我们讲过：年长者守岁，是为了“辞旧岁”，有珍爱光阴的意思；年轻人守岁，是为了延长父母寿命。

我和弟弟、妹妹都很孝顺，为了爹娘长寿，当然会乖乖守岁、坚持不睡啦！而在我们守岁的时候呢，父母困了就回房间睡觉了。

守岁

〔宋〕苏轼

欲知垂尽岁，有似赴壑蛇。
修鳞半已没，去意谁能遮。
况欲系其尾，虽勤知奈何。
儿童强不睡，相守夜欢哗。
晨鸡且勿唱，更鼓畏添挝。
坐久灯烬落，起看北斗斜。
明年岂无年，心事恐蹉跎。
努力尽今夕，少年犹可夸。

守岁游戏图

一开始，我们兄妹几个还会围在火炉旁听大人们说话，可是听着听着就开始觉着无聊了。“走，哥哥带你们去玩选官图！”我很有兄长的样子，和长辈们打过招呼就带着弟弟、妹妹去玩儿了。

我刚将棋盘摆好，弟弟和妹妹就已经摩拳擦掌，准备好掷骰子了。虽然弟弟劲头十足，但是他的运气还是差了一点。我一路领先，弟弟就有点急躁了，抱怨道：“哎呀，我怎么总不‘升职’？”

看弟弟这样着急，我只能安抚弟弟：“别急，说不定等一下你就能掷出来你最想要的了呢！玩游戏不能急，我们只是刚开始。”

说着，弟弟就掷出了一个“才干”，这一下他前进了很多。弟弟终于又有了信心。

相比较起来，妹妹就好多了，她虽然不怎么会玩儿，但是还在坚持着，每次还会给哥哥们加油鼓劲。就这样，你进我退、你追我赶地玩儿了好几局，我们各有输赢。

“啊，好困啊！”我开始打哈欠了。弟弟和妹妹已经开始打瞌睡了。那怎么办呢，我们还要守岁啊，再等等天就亮了！

游戏规则

选仙图是宋朝时很受欢迎的一种棋盘游戏，也叫“彩选格”，有点类似于现在的游戏“大富翁”。它们的玩法很相似，通过掷骰子决定在棋盘上走几格，每一格都有相应的判词，玩家根据判词提示，停留原地、前进或后退相应的格数。格数里的判词包括“德行”“才干”“功劳”“贪赃”等 如遇正面的词则前进，而遇到负面的则须后退。选仙图出现的名词都和“仙”有关，例如“散仙”“蓬莱”等。

入宫拜年

我们守岁后就去睡了，父亲就比较辛苦了，他寅时（凌晨三点到五点）就起来入宫去拜年了。

父亲说他虽然去得早，但是他也只能在殿外等候点名。

先进去的是级别高的官员和被点名的官员，像父亲这样的官职比较低的官员只能慢慢排队。

等所有官员到大殿集合后，赞礼官才去向皇上通报。

皇上出来后，赞礼官上前一步，率先给皇上磕了四个头，口中高呼“吾皇万岁万岁万万岁”。

他的话音刚落，我父亲便与同僚们一起躬身，齐声高呼“万岁”。接着，赞礼官会朝他们喊：“起居！”此时，官员们需要一起向皇上下跪、磕头。然后，赞礼官会要求他们“再拜”，如此反复九次。待到皇帝满意地点点头，百官集体谢恩完毕，整个拜年仪式才算结束。

给皇上拜完年，天色也渐渐亮起来了。

那些不在京城的官员们也是需要向皇上拜年的，只不过，他们的拜年方式就比较特殊了，那就是给皇上寄贺卡。但他们写的贺卡并不能自己随意发挥，而是有固定格式的，并且，贺词一定要全是各种吉祥话。

家人拜年

父亲走后不久，母亲就把我和弟弟叫起来，并派人带我和弟弟去了宗堂。

在那里，我们见到了大伯和好多平时没见过的长辈，就连年过六十的叔爷爷也来了。

我带着弟弟一一给长辈拜了年后，就乖乖站到了堂哥身边。

宗堂里虽然人多，但是很安静。族长带着我们有序地拜过先祖们就宣布解散了。

我带着弟弟和大伯打过招呼后，就兴冲冲地回家了。因为给母亲拜了年，我们就能拿到随年钱（压岁钱）了，今年我八岁了，有八个银锞了呢！

我一跑进家里，就迫不及待地拉着母亲坐好，带着弟弟、妹妹，给母亲规规矩矩地拜年，还喊出了我们提前商量好的拜年词。

果然，母亲乐呵呵地拿出了早就准备好的随年钱给我们。

因为父亲进宫了，所以我们去大伯家拜年就改成了初二。

官员团拜

父亲从宫中回家后，换了一身服饰，预备出发去参加同僚间举行的团拜活动。这可是官员间彼此联络感情、增进友谊的一次大好时机，父亲格外重视，当然不会错过。

临出门前，父亲对母亲说：“夫人，你将收到的拜年帖都先放进书房，待我赴宴回来了再仔细看。”

母亲答应着：“好，我明白。”

她的手上，恰好捏着一张用梅花笺纸裁成的贺卡，上面写了很多恭贺话语，落款处写明了祝贺人的姓名和住址。

父亲走后，母亲把我叫了过去，她让我看着她是怎么给人回拜帖的，我不能写，就给母亲磨墨。

“今年的拜年帖真多啊！”我看着桌子上的拜帖感叹着。

“因为你父亲升职了呀！”母亲温柔地跟我说。虽然我不是很懂，但是我还是乖乖地点了点头。

虽然帖子看着很多，但是母亲很快就处理完了。母亲还叫来了仆人，告诉他们每个帖子都要装入一个红纸袋，再给人家送过去，而且纸袋上还要写上寓意很好的“接福”二字。

就这样，忙忙碌碌的初一就过去了。

古代拜年帖

拜年帖，是古人的一种拜年方式，也叫“手刺”“门刺”“寸褚”和“红单”。当拜年对象是平时往来较少的亲戚、应酬不多的同僚、关系一般的朋友、生意伙伴，或者需要走动拜年的人实在太多时，古人会采用让仆人去对方家里送拜年帖的方式，来表达新年的祝福。

拜年帖盛行于宋朝，一开始只流行于上流社会，直到明朝，拜年帖才逐渐进入普通百姓的生活。不过，即便是市井人家，也会将拜年帖制作得极为精美。